# 枯れない男になるための生き方
# 生涯現役宣言

萩原章史
HAGIWARA AKIFUMI

幻冬舎MC

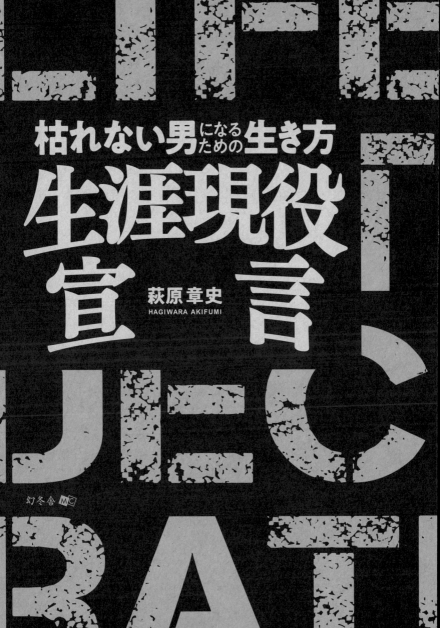

# 生涯現役宣言

枯れない男になるための生き方

# はじめに

これからの日本は明るい、お世辞にもそういえる状況ではありません。高齢化率はこの半世紀で7・1％から29・1％に急上昇し、すでに国民の4人に1人以上が高齢者です。一方、子どもの出生数はこの半世紀で60％近く減少しており、総人口が1億人を切るのはもはや時間の問題です。

少子化に伴う生産年齢人口（15歳以上65歳未満）も急激に減少しています。現役世代が高齢者を支える日本の社会保障制度は崩壊寸前です。日本のGDPも世界ランキングですでに中国に抜かれ、今は4位のドイツにも追い抜かれそうになっています。

かつての日本は目覚ましい勢いで戦後復興を遂げ、世界の覇権を争うほどでした。それがいまや、沈みゆく国といわざるを得ない苦境に立たされているのです。

少子高齢化、それに伴う生産年齢人口の減少、国際競争力の低下……。こうしたいくつもの逆風にさらされる日本ですが、再生するための策はまだ残されています。その一つが、いつまでも肉体と精神が若々しい「生涯現役」の中高年男性を一人でも多く増やすこと、そして2つ目が、定年制の見直しをはじめとするオスたちがいつまでも活躍できる社会づくりです。この2つを国家の最重要戦略として取り組むことで、日本が抱える諸問題を解決し、ふたたび確固たる地位を取り戻すことができると私は確信しています。

昨今、わが国の中高年男性は一様に活力を失っている状態です。かつて日本で最もバリバリ働きお金を稼いでいたはずの男たちが、気力体力ともに衰え、定年退職を迎えるまでどうやって無難にやり過ごそうかと、完全に守りに入っているように見えます。まだまだ働き盛りの彼らが小さく縮こまっていてはいけません。

私が考える生涯現役の男とは、定年など気にせず、気力体力を可能な限り若々しく保ち、死ぬまで稼ぎ続けるオスのことを指します。生涯現役の男に「老後」は存在しませんから、老後資金2000万円を貯める必要はなく、最後の最後まで自分でお金を稼ぎ、自分で使いたいだけお金を消費します。無駄な貯金をせず、交際費や遊興費も我慢せずにガンガン使いますから、国内市場により多くのお金が回り、その分経済も活性化します。そしてなにより、自分自身が人生を最後まで謳歌できるのです。こうした生涯現役の男が活躍するには、定年制などはもはや障害でしかないため、社会制度の見直しも早急に進めていく必要があると考えています。

私がここまで生涯現役を重要だと考えている理由は、自分の肉体面の衰えを契機とした焦燥感にあります。私は38歳のときに当時勤めていた会社を辞め、２００１年に全国の生鮮・加工品を一般消費者でも気軽に買い求められるＥＣサイトを運営する会社を立ち上げました。ビジネスが軌道に乗るまでの数年間はほとんど不眠不休で働き、給与もほぼゼロの月が続きました。

一度目の結婚はうまくいかず離婚、そして再婚して子どもが生まれたのは50歳のとき。この子が成人する頃、自分は70歳だと気づいて愕然とし、あわてて十数年ぶりに人間ドックに駆け込んだとき、私の健康状態は最悪でした。甲状腺機能障害に加え、頸椎ヘルニア、腰痛、高血圧、高脂血症、肝機能障害などボロボロの状態だったのです。

ちょうどそのとき、親交が深い医者から衝撃的な話を聞きました。

「これからｉＰＳ細胞の実用化が進めば、寿命はさらに延びて、人生１００年どころか１２０年時代がやって来る」

この話を聞いて、私は目が覚める思いでした。すぐには１２０年時代が到来することはないにしても、医療の進歩によりこれから先は人間の長寿命化はさらに進みます。まだたった50年しか生きていない自分が、老いを感じ、これからの人生を悲観するような姿勢ではいけないと強く感じ、「生涯現役」の生き方を掲げたのです。

さらにいえば周りの同世代との飲み会の席になると、定年退職後の余生の話をすることも増えて、どこか物足りなさを感じることが増えていたことも発奮材料になりました。

そこからは医師からのアドバイスも参考にしつつ、自分なりの肉体改造に取り組みました。ハードなトレーニングはあえて行わず、食生活に気を配ったり、体幹を鍛えるため電車内では吊革なしで立ち続けたり、階段を1段飛ばしで降りたりするだけで、ヘルニアや腰痛は日常のストレッチで治すことができました。

そんな地道な努力を続けた結果、この10年間で体重は約10kg減、ウエスト15cm減。BMIは22・4から19・4に改善。私が目標にした20歳当時の体形、身長170cm・体重55kg・ウエスト69cmにほぼ近づきつつあります。60歳を超えた今、肉体は絶好調です。健康面だけでなく、幸い仕事も上り調子で、事業も拡大し年収はこの10年間で8倍以上に増えました。

今、自分がこうして心技体が整った生涯現役の男として活躍できているからこそ、一人でも多くの人に生涯現役の理念を伝えたい――。それがきっかけとなり、本書では50歳から実践した私の肉体改造法を含め、生涯現役を実現するためのさまざまなアイディアとアプローチを紹介していきます。いつまでも肉体的にも精神的にも若々しく、異性からも好かれる自分を目指すことは、きっとこれからの人生を輝かせることになります。この一冊をきっかけにして、一人でも多くの中高年男性がオスとしての本能を覚醒させ、沈みゆく日本を浮上させる原動力となることを願ってやみません。

# 生涯現役宣言

枯れない男になるための生き方——目次

# 第2章

## フィジカルとメンタルを鍛えオスであり続ける 日本を救うために必要な超重要国家プロジェクト「生涯現役宣言」

# 第3章

## 時速8キロで歩ける身体を目指せ！
### 生涯現役の男になるために〈フィジカル編〉

## 第4章

# 目の前の仕事に熱狂しろ！

## 生涯現役の男になるために〈仕事編〉

# 第5章

## 稼いだお金はすべて自己投資に回せ！

生涯現役の男になるために〈カネ編〉

第6章

生涯現役の男になるために〈恋愛編〉

# 20歳年下の女性に好かれる男になれ！

第7章

生涯現役の男になるために〈コミュニケーション編〉

# 武勇伝を語り合い、切磋琢磨できる仲間を増やせ！

止まらない少子高齢化、
生産年齢人口の減少、
国際競争力の低下……

第1章

# オスに元気がなく、沈みゆく国ニッポン

Chapter 1

# 日本の少子化と高齢化が止まらない

日本の少子化が止まりません。2022年6月に厚生労働省が公表した「令和3年人口動態統計月報年計（概数）の概況」によれば、2021年の出生数は81万1604人です。前年の84万835人から3万人近く減少し、6年連続で過去最少を更新しました。

おおよそ半世紀前、第2次ベビーブームといわれた1971〜74年の出生数は毎年200万人を超えていました。その後、1983年までは年間150万人以上、2015年までは年間100万人以上を維持していましたが、2016年に初めて100万人を割り込み、出生数はこの半世紀で5分の2にまで減少しています。

国立社会保障・人口問題研究所による「日本の将来推計人口（平成29年推計）」によれば、わが国の出生数が80万人を切るのは2033年で、その後70万人を切るのは2046年、60万人を切るのは2058年と推計しています（出生中位・死亡中位と仮定した場合）。

しかし、この推計は楽観的過ぎるといわざるを得ません。というのも、２０２１年の時点で出生数がすでに81万人にまで減少しているからです。このままでは２０２２年に出生数が80万人を割り込むのはほぼ確実であり、わが国の少子化は、政府や公的機関の推計よりも10年以上早く進行していることになります。

高齢化も急速に進んでいます。総務省統計局が２０２２年９月に公表した「統計からみた我が国の高齢者」によれば、２０２２年９月15日現在の日本の総人口は１億２４７１万人です。全体の人口は前年より82万人減少しているものの、65歳以上の高齢者人口は逆に６万人増えて３６２７万人と、過去最多を更新しました。総人口に占める割合、いわゆる高齢化率は29・１％で、前年より０・３ポイント増え、こちらも過去最高を更新していま す。１９７０年の日本の高齢者数は７３３万人、高齢化率は７・１％でしたから、高齢者人口は52年で４・94倍にまで膨れ上がり、高齢化率も4倍以上に高まりました。高齢化率29・１％は、２位イタリア（24・１％）、３位フィンランド（23・３％）を5ポイント以上引き離して世界第1位です。

高齢者の年齢別人口構成も変わってきています。２０２２年９月15日現在、70歳以上は２８７２万人で前年比39万人増、75歳以上は１９３７万人で前年比72万人増となっていま

年齢３区分別人口の推移　出生中位（死亡中位）推計

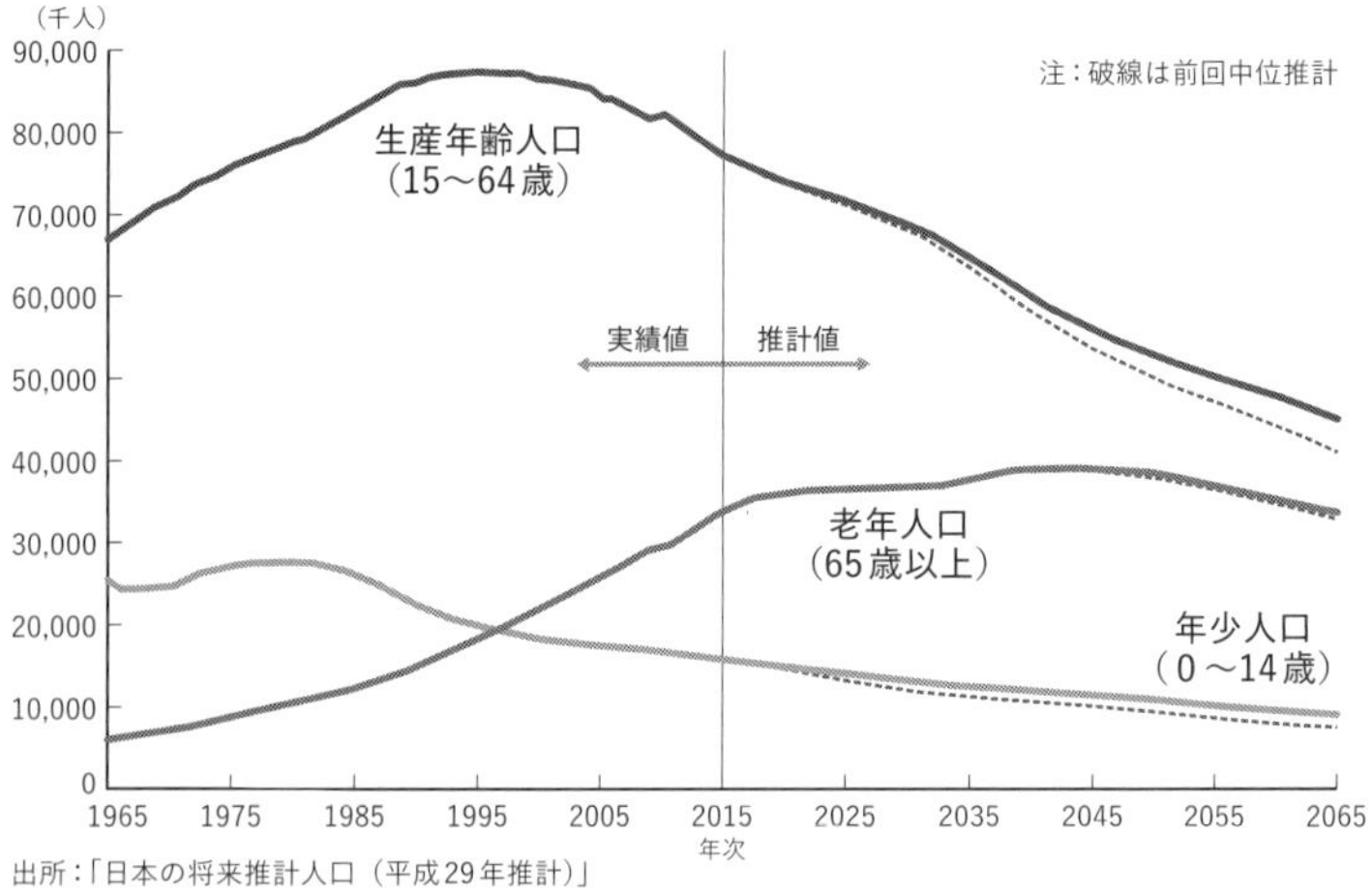


出所：「日本の将来推計人口（平成29年推計）」

す。80歳以上は１２３５万人で前年比41万人増となっており、特に後期高齢者といわれる75歳以上が総人口比で初めて15%を超えました。いまや日本人の４人に１人以上が高齢者であり、７人に１人以上が後期高齢者になっているのです。今後、わが国の高齢化率がさらに上がり続けることは間違いありません。少し遠い未来にはなりますが、２０６５年の日本の総人口は約８８００万人まで減少すると推計されており、そのうち高齢者が38・４%、後期高齢者が25・５%を占めると試算されています。

　日本の人口を年代別に見ると、問題がさらに深刻化していることがよく分かります。２０２２年の総人口が前年より82万人減ったのは、64歳未満の人口が大きく減少したことが要因でした。15歳未満は前年比27万人減の1452万人、15～64歳は前年比61万人減の7392万人でした。15～64歳はいわゆる生産年齢に当たります。生産年齢人口とは、生産活動の中心にいる人たちの人口であり、社会の働き手の人口です。社会の働き手の数が年々減っていけば、日本全体の労働生産性も低下していき、それにつれてGDPも確実に落ち込んでいきます。わが国の生産年齢人口は1995年の8726万人をピークに減少し続けており、主な働き手＝現役世代が減り続けている事態は、日本経済の停滞に直結するのです。

## さらに少子高齢化が進めば、日本経済は破綻し、社会保障制度は崩壊する

高齢者が増え続け、生産年齢人口が減り続けていくと、短期的には医療と介護の現場が重大なダメージを受けます。そして中期的には、日本の経済状況がかつてなかったほど悪

## 社会保障の給付と負担の現状（2022年度予算ベース）

社会保障給付費　2022年度（予算ベース）131.1兆円（対GDP比 23.2%）

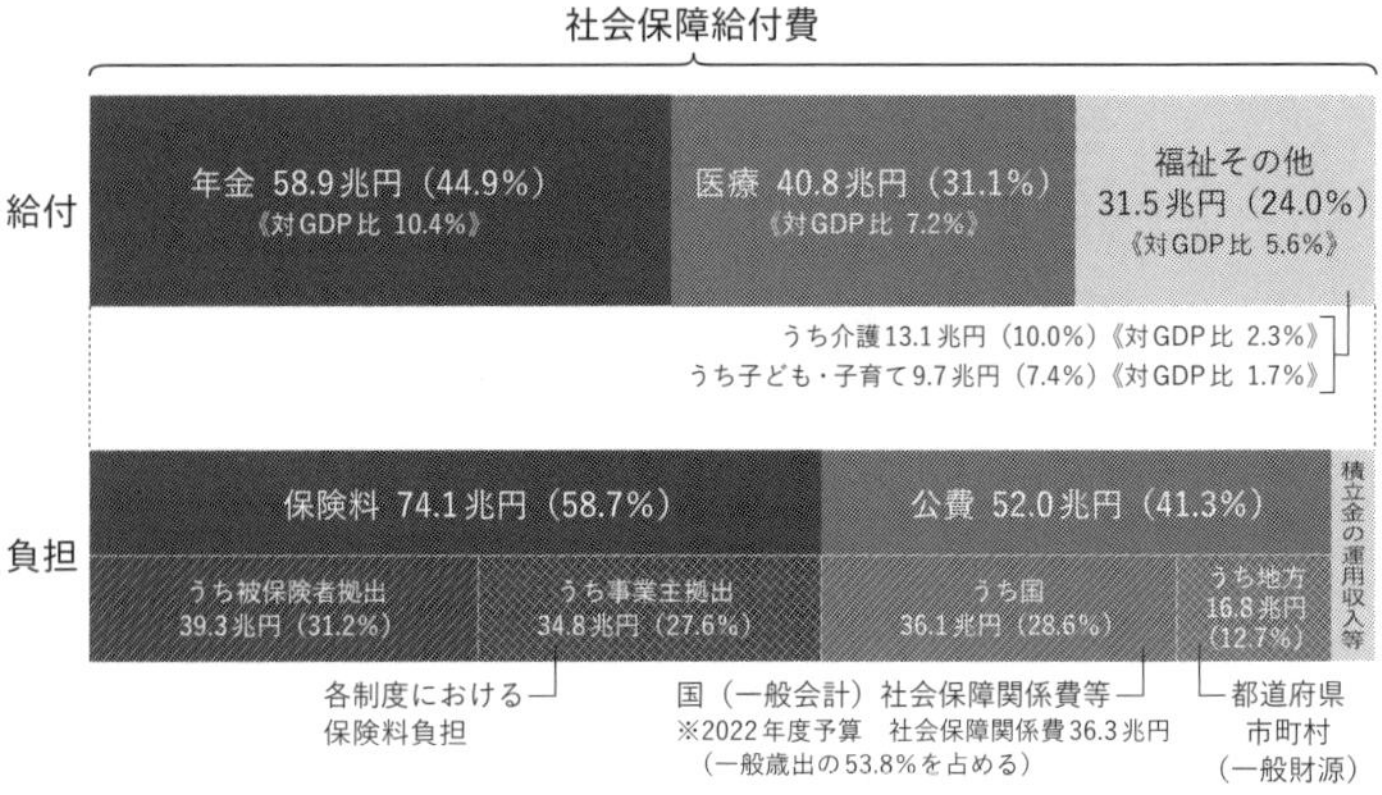


出所：厚労省HP「社会保障の給付と負担の現状」

化し、深刻で長引く不況に見舞われます。

また、生産活動の中心にいる人たちは、同時に消費活動の中心にもいる人たちです。その人たちの所得が減っていけば消費する金額も減り、国内市場は急激に縮小していきます。企業側からすれば市場のパイは限られているし、そのパイも年々小さくなっていくのが分かっているため、そこに投資をしようという意欲など生まれるはずがありません。その結果、企業業績の悪化→投資や生産の減少→賃金、物価、株価の低下→企業業績の悪化→投資や生産の減少……と負の連鎖がどこまでも続いていき、企業の倒産や失業者が増え、日本経済は深刻な不況に陥ります。

なにより恐ろしいのは、その不況から抜け出す方法がいっさい見えないことです。昨日より今日、今日より明日と、人口もマーケットも日々縮小していく状況で、新たな光明を見いだすのは困難といわざるを得ません。

生産年齢人口の減少は長期的に見れば、日本の社会保障制度を根幹から揺るがし、制度そのものを崩壊させてしまうのです。わが国の社会保障費の合計は、2022年度（予算ベース）でおおよそ131兆円です。これを給付別で見ると、公的年金が全体の44・9％、医療が31・1％、福祉が24・0％を占めています。そして、最も大きな比重を占める公的年金は、わが国では賦課方式で賄われています。

賦課方式とは、年金給付のための財源を現役世代が支払っている保険料で用意する方式のことです。今の高齢者の年金給付を現役世代が支え、その現役世代が高齢化してリタイアしたあとは、次の現役世代が支えることになります。このように日本の公的年金制度は、親世代から子世代へ、子世代から孫世代へと順送りに支えてきました。

1961年に国民年金制度が施行され、国民皆年金体制がスタートしました。その当時、高齢者人口に比べて現役世代人口のほうが圧倒的に多かったので、この賦課方式は被保険者の負担を軽くする、理にかなった運営方法だったのです。

賦課方式を説明する際によく使われるのが、「高齢者1人を現役世代何人で支えるか？」という図です。

年金制度スタート直後の1962年は、高齢者1人を現役世代9・1人で支える形でした。たとえていえば「胴上げ型」です。その50年後の2012年になると、少子高齢化の進展で高齢者の数が増え、現役世代の数が減ったため、高齢者1人を現役世代2・4人で支える「騎馬戦型」になります。

その後、2050年になると、少子高齢化はさらに進み、高齢者1人を現役世代1・3人で支える「肩車型」になります。

この肩車型の場合、高齢者が普通に生活できるだけのお金を給付するには、現役世代は自分と高齢者の2人分の生活費を稼がなければなりません。それでは、現役世代の負担があまりに重過ぎます。そこで、現役世代が無理なく支払える程度まで保険料を下げると、今度は年金生活する高齢者の暮らしが立ちゆかなくなります。つまり、肩車型になった時点で、日本の公的年金制度は破綻してしまうのです。

社会保障は公的年金だけではありません。高齢者が増え、多くの高齢者が医療機関で受診すると、国や現役世代が負担すべき医療費も膨れ上がります。また、介護関連の老人福

**日本における高齢者の支え方構図**

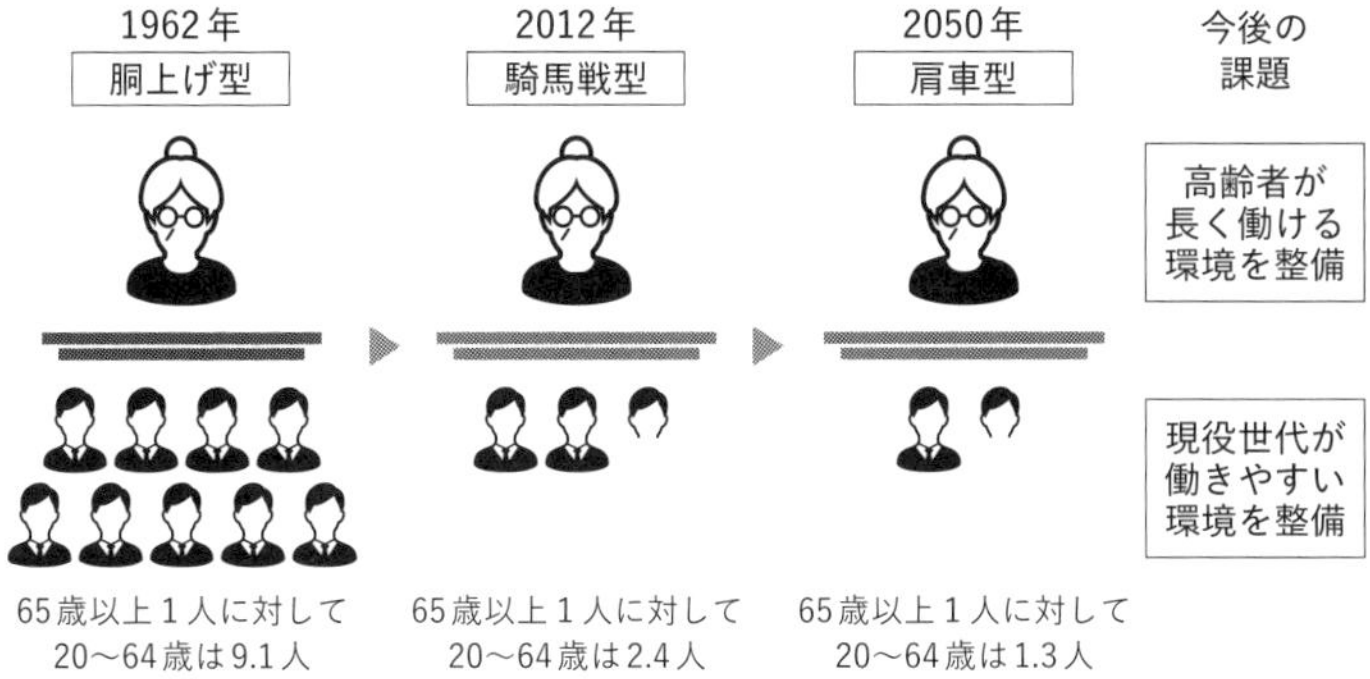


出所：ミドルシニアマガジンHP「ライフプラン・人生設計」（2018年12月）

祉施設を利用する高齢者が増えれば、福祉関連の支出が増えます。

国の社会保障費の財源は、現役世代の保険料に加え、消費税などの税金が充てられていますが、日本経済が停滞・縮小している状態だと、企業や個人からの税収は見込めません。結局、少子高齢化が進み、生産年齢人口が著しく減少すると、日本の社会保障制度そのものが崩壊するというシナリオになっています。

ちなみに、この悪夢のようなシナリオには続きがあります。2021年6月、国土交通省の国土審議会計画推進部会国土の長期展望専門委員会が公表した「『国土の長期展望』最終とりまとめ」によれば、2050年には全国の居住地域の約半数で人口が

50％以上減少すると予想され、そのうち国土の約2割が無居住化、すなわちゴーストタウン化すると予測されています。すなわち、人口の多くは東京などの大都市圏にさらに集中し、かつて限界集落と呼ばれた多くの地域が無人化するといわれています。少子高齢化が進むと、わが国の人口も減少し続け、やがて過疎化が進んでいるところから無人化していくのです。

すると、水道・ガス・電気・通信・道路・橋梁・鉄道などの公的インフラは10〜30年単位で補修とメンテナンスが必要になりますが、一定以上の人口が維持できない地域では、インフラの補修やメンテは更新されなくなります。人がまばらにしか住んでいない地域に、インフラ整備の巨額な予算をつけることができなくなるからです。こうして無人化した地域の道路は自動車が通れなくなって道路網から切り離され、次第に陸の孤島になってしまいます。すでに地方では過疎化が進み、耕作放棄地が増え、さまざまな野生鳥獣が増えたために畑や住宅地で物的・人的被害が続出しています。

## この30年で日本の国際競争力は急落している

今の日本が直面している問題は少子高齢化だけではありません。国際競争力の著しい低下も、政治、経済、教育など多くの分野で私たちの社会に大きな影を落としています。

例えば、国際競争力を測る指標として世界の研究者などがよく引用するランキングの一つに、ＩＭＤ「世界競争力年鑑」があります。ＩＭＤ（国際経営開発研究所International Institute for Management Development）はスイス・ローザンヌに本部をもつＭＢＡスクール＆研究調査機関で、１９８９年からこの年鑑を発行しています。

２０２２年度版のランキングが示すとおり、日本は調査対象となっている63の国と地域のうち34位です。前年の31位から３つランクを落とし、２年前の２０２０年と同じ過去最低の順位でした。アジア地域に限って見ても、シンガポール、香港、台湾、ＵＡＥ、中国、カタール、サウジアラビア、韓国、バーレーン、マレーシア、タイよりも下位にいます。

| 順位 | 国名 | 21年からの順位差 |
|---|---|---|
| 1 | デンマーク | △2 |
| 2 | スイス | ▲1 |
| 3 | シンガポール | △2 |
| 4 | スウェーデン | ▲2 |
| 5 | 香港 | △2 |
| 6 | オランダ | ▲2 |
| 7 | 台湾 | △1 |
| 8 | フィンランド | △3 |
| 9 | ノルウェー | ▲3 |
| 10 | 米国 | △0 |
| 11 | アイルランド | △2 |
| 12 | UAE | ▲3 |
| 13 | ルクセンブルク | ▲1 |
| 14 | カナダ | △0 |
| 15 | ドイツ | △0 |
| 16 | アイスランド | △5 |
| 17 | 中国 | ▲1 |
| 18 | カタール | ▲1 |
| 19 | オーストラリア | △3 |
| 20 | オーストリア | ▲1 |
| 21 | ベルギー | △3 |
| 22 | エストニア | △4 |
| 23 | 英国 | ▲5 |
| 24 | サウジアラビア | △8 |
| 25 | イスラエル | △2 |
| 26 | チェコ | △8 |
| 27 | 韓国 | ▲4 |
| 28 | フランス | △1 |
| 29 | リトアニア | △1 |
| 30 | バーレーン | — |
| 31 | ニュージーランド | ▲11 |
| 32 | マレーシア | ▲7 |
| 33 | タイ | ▲5 |
| 34 | 日本 | ▲3 |
| 35 | ラトビア | △3 |
| 36 | スペイン | △3 |
| 37 | インド | △6 |
| 38 | スロベニア | △2 |
| 39 | ハンガリー | △3 |
| 40 | キプロス | ▲7 |
| 41 | イタリア | △0 |
| 42 | ポルトガル | ▲6 |
| 43 | カザフスタン | ▲8 |
| 44 | インドネシア | ▲7 |
| 45 | チリ | ▲1 |
| 46 | クロアチア | △13 |
| 47 | ギリシャ | ▲1 |
| 48 | フィリピン | △4 |
| 49 | スロバキア | △1 |
| 50 | ポーランド | ▲3 |
| 51 | ルーマニア | ▲3 |
| 52 | トルコ | ▲1 |
| 53 | ブルガリア | △0 |
| 54 | ペルー | △4 |
| 55 | メキシコ | △0 |
| 56 | ヨルダン | ▲7 |
| 57 | コロンビア | ▲1 |
| 58 | ボツワナ | △3 |
| 59 | ブラジル | ▲2 |
| 60 | 南アフリカ | △2 |
| 61 | モンゴル | ▲1 |
| 62 | アルゼンチン | △1 |
| 63 | ベネズエラ | △1 |

注：「21年からの順位差」は2021年版順位からの上昇（△）、下落（▲）幅を示す。
出所：IMD「世界競争力年鑑2022」より三菱総合研究所作成

G7（先進7カ国と欧州連合）の一員とはとても思えないほど、低い順位なのです。この世界競争力ランキングの1989年から2022年までの総合順位を見ると、過去三十数年間における日本の凋落ぶりがよく分かります。

IMDがこの統計をまとめ始めたのが1989年、日本は折しもバブル景気の真っただなかにあり、日本経済は空前絶後の絶好調期を迎えていました。大都市圏を中心に、のちに「狂乱」と形容されるほど地価が高騰し、計算上は「山手線の内側の土地価格でアメリカ全土の土地が買える」ともいわれました。事実、1989年にはソニーがアメリカ大手映画会社コロンビア・ピクチャーズ・エンタテイメントを34億ドル（当時のレートで約4800億円）で買収したり、三菱地所がニューヨークのロックフェラー・センターを8億4600万ドル（当時のレートで約1200億円）で買収したりするなど、ジャパン・マネーの威力を世界中にまざまざと見せつけました。

そんな絶好調だった日本経済がバブル崩壊を経験したのが1991～1993年のことです。地価と住宅価格が急降下し、金融機関だけでなく一般企業にも膨大な不良債権が発生、いわゆる平成不況が始まります。そこから日本経済は長い低迷期のトンネルに入ることになり、1993年以降、日本の国際競争力は年々低下していきます。IMDランキングを見ても、93年2位、94年3位、95年4位と年々順位を落としていっています。

不動産バブルは文字どおり泡と消えましたが、それでも当初は日本経済の減速を最低限に食い止めようと、政府も企業も金融機関も頑張りました。政府は大手金融機関を破綻させないために公的資金を注入し、企業は大胆なリストラ、すなわち中高年社員の大量解雇を断行して人件費を圧縮し、金融機関は融資先企業の再建支援のため多くの債権放棄に踏み切りました。バブル崩壊後も日本がしばらくは国際競争力を保っていたのは、当時のビ

## 日本の総合順位の推移

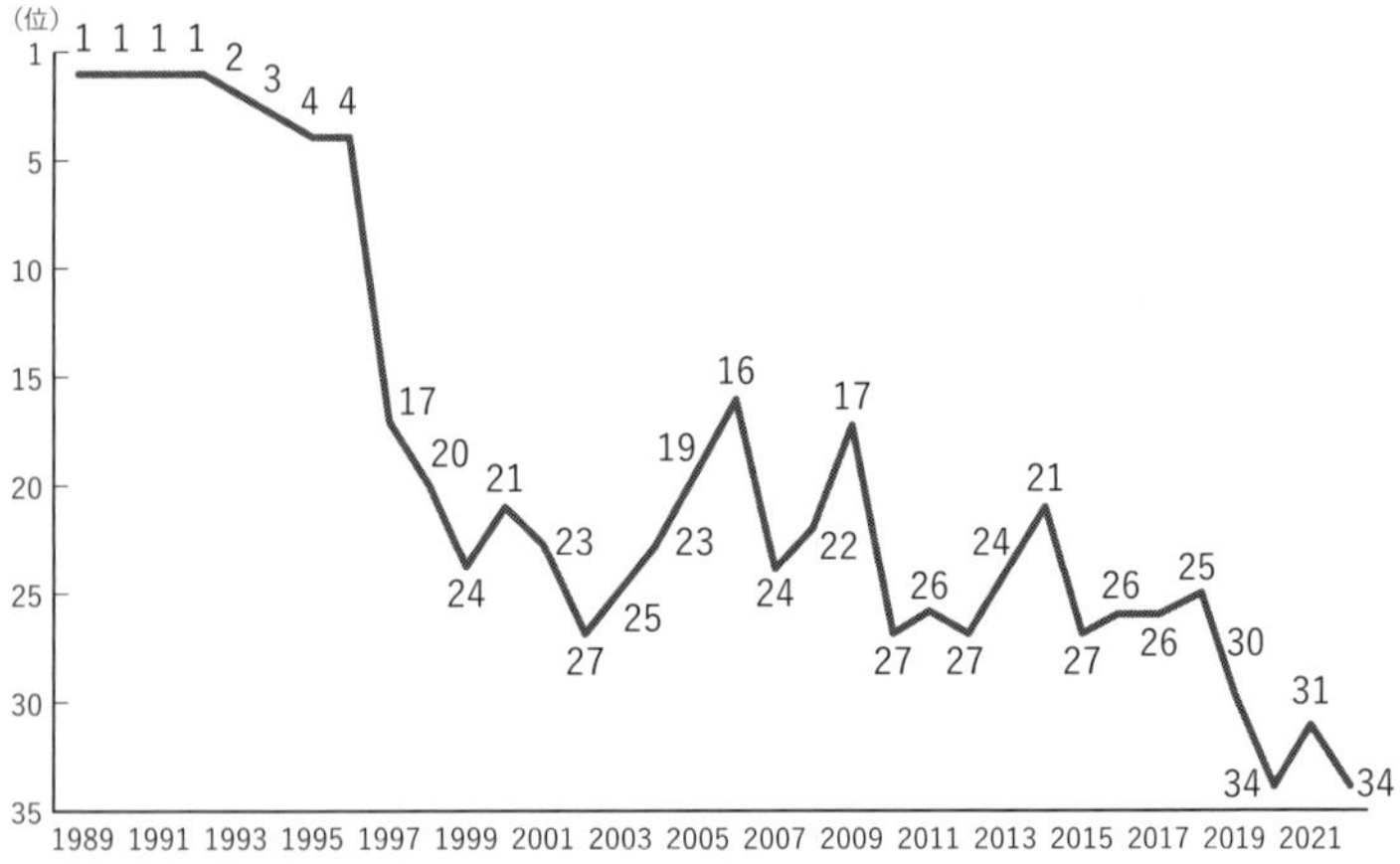


出所：IMD「世界競争力年鑑」各年版より三菱総合研究所作成

ジネスパーソンたちが歯を食いしばって一種の国難を乗り越えようとしたからです。

ところが、バブル崩壊から日本経済が十分に立ち直っていなかった1997年4月、時の橋本内閣は消費税を3%から5%に引き上げます。これが一つの引き金になり、生活者の消費マインドが冷え込んだところに、アジア通貨危機が発生しました。タイ、インドネシアなどアジア各国の通貨が下落し、特に悪影響の大きかったタイ、インドネシア、韓国はIMFの管理下に入るという屈辱を味わうことになります。日本においても多くの金融機関で融資の焦げつきが起こりました。バブル崩壊をなんとかもちこたえていた金融機関も、この一押しでついに力尽きる企業が続出します。97年から98年にかけて、北海道拓殖銀行、日本長期信用銀行、日本債券信用銀行、山一證券、三洋証券など民間だけでなく政府系も含めた大手金融機関が次々に経営破綻し、日本の金融システムは国際的な信用を一気に失います。その結果、ＩＭＤのランキングも97年には前年の4位から13も順位を落として17位に沈んでいます。これ以降、日本は年々ランクを落としていき、２０１９年以降は30位以下に甘んじています。

## 古いビジネスモデルに固執したせいで競争力を失った日本

日本がここまで大きく国際競争力を落としてしまった原因を考えるため、ＩＭＤ「世界競争力年鑑」をもう少し詳しく見るとＩＭＤはこのランキングを作成するにあたって、各国につき３３３個の指標を収集しています。大項目、小項目ごとにランキング化したうえ

## 大分類・小分類別に見る日本の競争力の推移

| | 2018 | 2019 | 2020 | 2021 | 2022 |
|---|---|---|---|---|---|
| 1. 経済状況 | 15 | 16 | 11 | 12 | 20 |
| 1.1 国内経済 | 11 | 21 | 9 | 8 | 27 |
| 1.2 貿易 | 41 | 44 | 39 | 43 | 49 |
| 1.3 国際投資 | 15 | 11 | 9 | 9 | 12 |
| 1.4 雇用 | 5 | 4 | 2 | 2 | 2 |
| 1.5 物価 | 55 | 59 | 59 | 61 | 60 |

| | 2018 | 2019 | 2020 | 2021 | 2022 |
|---|---|---|---|---|---|
| 2. 政府効率性 | 41 | 38 | 41 | 41 | 39 |
| 2.1 財政 | 61 | 59 | 61 | 63 | 62 |
| 2.2 租税政策 | 46 | 40 | 41 | 42 | 34 |
| 2.3 制度的枠組み | 18 | 24 | 21 | 24 | 25 |
| 2.4 ビジネス法制 | 31 | 31 | 35 | 34 | 36 |
| 2.5 社会的枠組み | 27 | 31 | 29 | 27 | 26 |

| | 2018 | 2019 | 2020 | 2021 | 2022 |
|---|---|---|---|---|---|
| 3. ビジネス効率性 | 36 | 46 | 55 | 48 | 51 |
| 3.1 生産性・効率性 | 41 | 56 | 55 | 57 | 57 |
| 3.2 労働市場 | 30 | 41 | 45 | 43 | 44 |
| 3.3 金融 | 17 | 18 | 18 | 15 | 18 |
| 3.4 経営プラクティス | 45 | 60 | 62 | 62 | 63 |
| 3.5 取り組み・価値観 | 39 | 51 | 56 | 55 | 58 |

| | 2018 | 2019 | 2020 | 2021 | 2022 |
|---|---|---|---|---|---|
| 4. インフラ | 15 | 15 | 21 | 22 | 22 |
| 4.1 基礎インフラ | 42 | 42 | 44 | 43 | 38 |
| 4.2 技術インフラ | 13 | 20 | 31 | 32 | 42 |
| 4.3 科学インフラ | 5 | 6 | 8 | 8 | 8 |
| 4.4 健康・環境 | 7 | 8 | 9 | 9 | 9 |
| 4.5 教育 | 30 | 32 | 32 | 32 | 38 |

注：2018年から2020年、2022年版では63カ国・地域中。2021年版では64カ国・地域中の順位
出所：IMD「世界競争力年鑑」各年版より三菱総合研究所作成

で総合順位をつけています。

日本はほぼすべての項目で前年より順位を落としていますが、おおよその傾向は変わっていません。国際的に「競争力が高い」と評価されたのが、小項目でいえば雇用、科学インフラ、健康・環境です。逆に「競争力が低い」と評価されたのが、物価、財政、生産性・効率性、経営プラクティス（経営管理の慣行）、（新たな課題に対する）取り組み・価値観です。

わが国では、コロナ禍・円安・ロシアのウクライナ侵攻などの影響で2022年夏以降物価が高騰していますが、それまでは30年以上デフレが続いており、物価は確かに一つのアキレス腱でした。また国の借金は1200兆円以上に膨らんでおり、財政も日本の泣きどころです。

それらももちろん問題なのですが、私たち一民間人としてはどうすることもできません。むしろ注目する必要があるのは、「ビジネス効率性」分野の生産性・効率性、経営プラクティス、（新たな課題に対する）取り組み・価値観です。日本企業の生産性の低さはずっと以前から指摘されているところであり、旧態依然とした経営慣行、例えば意思決定の遅さ、ICTなど情報通信テクノロジー分野での新システムへの対応の遅さ、海外交流への消極性なども課題に挙げられます。かつて世界トップレベルといわれた半導体業界でも日本の凋落ぶりが顕著です。結果として、古いビジネスモデルにいつまでも固執したことが競争力を失う最大の要因になったのです。

## 世界的に見ても日本の平均賃金は低過ぎる

少子高齢化とそれに伴う生産年齢人口の減少、国際競争力の低下に加え、低過ぎる平均

賃金も日本が抱える大きな問題です。左の図は２０２１年のＯＥＣＤ（経済協力開発機構）諸国の平均賃金を表したグラフです。

指標はドル・ベースで換算されていて、１位ルクセンブルクは７万４７３８ドル、２位アメリカは７万３６５７ドル、３位アイスランドは７万２０４７ドルでした。日本は３万９７００ドルで、35カ国中24位です。

かつての順位はもっと上位で、１９９１年は23カ国中13位でした。ところが、毎年のように順位を落とし続けていて、２０１３年には韓国に抜かれ、２０１６年には新興国スロベニアに、２０１８年にはイスラエルに、２０２０年にはやはり新興国のリトアニアにも抜かれました。このデータが取られた頃より今はさらに円安が進んでいるので、今後さらに順位を落とす可能性は高いです。

先進国といわれながら、日本だけここまで伸び悩んでいるのであれば、社会システムのどこかに重大な欠陥があるのは間違いありません。日本経済について語る場合、「失われた30年」というフレーズがよく使われますが、低賃金の問題についても、おそらくそれは当てはまります。厳しいいい方をすれば、この30年間、日本の一人負けの状態が続いていたのです。

## 平均賃金の各国ランキング

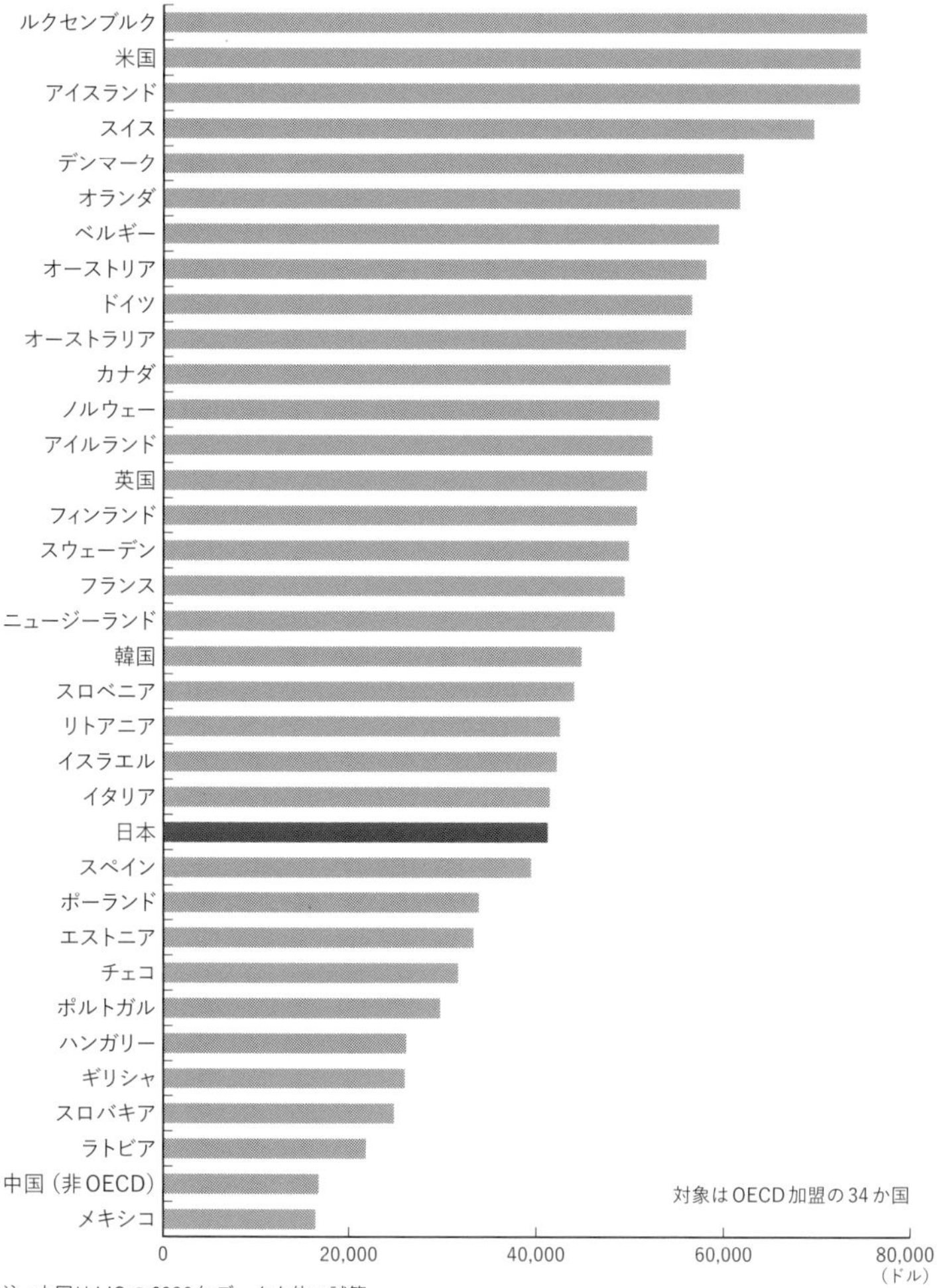


注：中国はLIOの2020年データを使い試算。
出所：株式会社第一生命経済研究所「経済分析レポート」（2022年9月）

日本ではなぜ30年間も賃金がほとんど上がらないのかについて、ある経営コンサルタントは、中小企業が淘汰されず温存されたのが問題だと指摘しています。厚生労働省の2021年「賃金構造基本統計調査」によれば、大企業（常用労働者1000人以上）を100とした場合の企業規模間賃金格差は、男性で中企業（100〜999人）87・3、小企業（10〜99人）80・8、女性で中企業93・2、小企業86・7でした。

中小企業の賃金が大企業より低いのは世界的な傾向であり、日本に限った話ではありません。ただ日本の場合、政府が中小企業に対して時に過保護に優遇することも事実です。例えば2008年のリーマン・ショックが起きたとき、政府は時限立法として中小企業金融円滑化法を施行し、多くの中小企業の資金繰りを助け、倒産を防ぎました。また、現在のコロナ禍においても、雇用調整助成金、持続化給付金、政府系金融機関のゼロゼロ融資など、数々の中小企業対策を実施しています。そのすべてが悪いとはいいませんが、たとえコロナ禍でなくても倒産寸前だった中小企業は存在するはずで、そんな企業まで救済するのは産業界の新陳代謝を著しく停滞させます。

そもそも、倒産寸前の企業にベースアップなど期待できるはずはないので、酷ないい方をすれば、そうした死に体の企業はむしろつぶれてしまったほうがいいと思います。そこで働いていた従業員の人たちも、もっと成長性の見込める他社に転職したほうがずっと豊かな人生を送れるはずだし、日本の平均賃金も上がるはずなのです。

そして、私の肌感覚に最も近い「賃金が上がらない理由」は、「バブル崩壊のトラウマ説」です。中高年の人は今でも鮮明に記憶していると思いますが、バブル崩壊とその後処理に追われた1990年代、多くのビジネスマンがつらい体験をしました。しかしそれ以上に、企業側にとっては厳しい体験だったと思います。不良債権の処理は遅々として進まず、人員整理したくても労働法制が壁のように立ちふさがり、うまくいきません。従業員との人間関係においてもさまざまな軋轢があったはずです。事実、大企業においては、あの当時リストラしたくてもできなかった人員が今も飼い殺し状態になっているケースが多いと聞きます。あのときのような思いは二度と経験したくない――。それが経営サイドの切実かつ偽らざる思いのようです。

そんなバブル崩壊のトラウマを抱えた企業は、正社員の数をできるだけ抑制する方針を採っています。業績が多少好転しても、社内にはリストラしきれなかった社員がいて、それ以上の人員が必要なら非正規のスタッフを一時的に雇用すればいい。とりわけ2000年以降、〝規制緩和〟の名のもとにたびたび改正された労働者派遣法は、派遣労働者の対象職種を大幅に拡大しました。その結果、さまざまな業種・職種で非正規雇用が解禁され、非正規雇用の労働者が一気に増大します。

厚生労働省のデータによれば、パート、アルバイト、派遣社員、契約社員、嘱託を含む非正規雇用労働者の数は1989年の時点で約817万人でしたが、その30年後の2019年には約2166万人となり、約2・7倍に拡大しました。全労働者に占める非正規雇用の割合も、1989年の19・1％から2019年の38・3％まで約2倍に拡大しています。

周知のとおり、非正規雇用労働者は正社員より賃金がかなり低く抑えられています。厚生労働省2021年「賃金構造基本統計調査」によれば、男性正社員の平均賃金34万8800円に対して、男性非正規の平均賃金は24万1300円で、女性正社員の平均賃金27万6000円に対して、女性非正規の平均賃金は19万5400円となっています。正社員＝100でそれぞれの比率を計算すると、男性非正規69・2、女性非正規72・2であり、非正規は正社員より賃金が3割も低いことが分かります。ここに、大き過ぎる格差があります。そして賃金の低い非正規雇用労働者が急激に拡大したことが、ここ30年日本の平均賃金が上がらないことの最大の原因だと思います。

## なぜ今、中高年のオスに元気がないのか

少子高齢化、生産年齢人口の減少、国際競争力の低下、低過ぎる賃金、正社員と非正規の間の格差……。このように今の日本社会は課題が山積みしているなか、個人的に近年気になっていることがもう一つあります。それは、私の周囲にいるおじさんたちを含め、日本の中高年男性が著しく覇気を失っていることです。

例えば繁華街の飲み屋をのぞいてみると、そこにはたいていムッツリ押し黙ってグラスを舐めていたり、酒のつまみをつついていたりするおじさんたちがいます。とにかく、暗いのです。すでに自分の人生にすっかり疲れ果てているように見えます。

私が若かった頃の中高年のおじさんたちは、もっと元気でした。特に直属の上司だったおじさんは、違う居酒屋での二次会、三次会のバー、四次会のカラオケまで眼力ギンギンです。あと1時間くらい待てば始発が動き出すという時間帯に、高カロリーな背脂ラーメ

ンをぺろりとたいらげ、いつの間にかどこかに消えていったはずなのに、翌朝出社するともうデスクで缶コーヒーを飲みながら、眉間にしわ寄せて日経新聞なんかを読んでいるのです。「この人は化け物か?」と何度も目を疑いました。

しかし、今振り返れば、ああいう元気でパワフルなおじさんたちが、日本を世界第2位の経済大国へと押し上げていたのだと思います。ちなみに、その上司は若い女性と飲みに出掛けるのが大好きで、取引先関係の女子社員を招いた飲み会のセッティングを頻繁に命じられました。現代だとコンプライアンス的に問題ですが、しかし考えてみると、あの当時「仕事がデキる」といわれたおじさんたちは、一様に皆女好きでした。オスとしての生存本能が強いおじさんほど仕事にも遊びにも女性にも貪欲だった気がします。

戦後、私たちの父親世代が尽力してくれたおかげで、ようやく先進国の仲間入りを果たした日本ですが、2021年の一人あたりGDPは世界27位まで落ち込み、もはや先進国とは呼べない状況になっています。日本がこのまま沈みゆく国となっていいはずがありません。

今の日本を再興するためのキーパーソンは、間違いなく中高年のオスたちです。かつて日本で最もバリバリ働きお金を稼いでいたはずなのに、今では気力体力ともに衰え、定年退職に向けたカウントダウンをしているような彼らの目を覚まさせる必要があるのです。

第2章

フィジカルとメンタルを鍛えオスであり続ける

# 日本を救うために必要な超重要国家プロジェクト「生涯現役宣言」

Chapter 2

## 日本は定年制を廃止せよ
## ～ノーベル賞経済学者の提言

「週刊現代」２０２２年11月12日号に、アメリカの経済学者ポール・クルーグマンによる、日本経済を復活させるための緊急提言が掲載されました。クルーグマンは２００８年にノーベル経済学賞を受賞した国際経済学の巨人であり、「ニューヨーク・タイムズ」に連載中のコラムがたびたび大きく取り上げられるなど、内外の経済界に強い影響力をもつ論客として知られています。緊急提言の論旨は次のとおりです。

・岸田総理は現在のインフレがどれほど異常なものか理解していない。
・アメリカのＦＲＢはインフレ対策として利上げを繰り返し「ドル高」になったが、岸田総理はそれを指をくわえて見ているだけで、「円安」に歯止めが掛からない。
・日銀が秘かに為替介入を行っているが、焼け石に水だ。

・そもそも、今の日本は労働生産性が低過ぎる。
・日本の労働生産性を上げて日本経済を復活させるには、定年制を廃止するしかない。
・労働生産性が上がれば、円の通貨価値も上がる。

論旨は明解であり、まさに正論だと思います。特にこの提言の要諦である日本経済を復活させるには定年制を廃止するしかないとの主張については、わが意を得たり！と心強く感じます。定年制を廃止することは、現役をいつリタイアするかは自由意思で決められるということであり、本人が希望すれば、死ぬまで仕事を続けられることでもあります。これはまさに、私が本書で主張したい「生涯現役」の考え方にほかなりません。

# 日本の定年制は明治時代から始まった

日本における定年制の起源は、1887年（明治20年）に作成された東京砲兵工廠の職工規定だといわれています。東京砲兵工廠は武器や兵器を製造する日本陸軍の軍需工場で、職工（工員）は55歳を停年（定年）とすると記載されています。民間企業における古い記録には、日本郵船が1902年（明治35年）に定めた社員休職規則には年齢55歳に達した社員は休職を命じられ、一定期間後に解雇されると規定されていました。

時代が昭和に移ると、定年制を設ける企業が増えていきます。1933年（昭和8年）の内務省調査によれば、調査した336の工場のうち140工場で定年制が実施され、その年齢は50歳または55歳でした。また戦後の記録では1946年（昭和21年）、日清紡績美合工場の労働者が工場に定年制度の確立を要求し、男子55歳、女子50歳を定年とする制度が導入された、とするものがあります。こうした経緯を経て、わが国では戦後から高度成長期にかけて、55歳定年制が社会に広く浸透していきます。

　定年と併せて考えなければならないのが公的年金制度です。年金は、労働者が勤務先を定年退職したあとの生活費を保障する制度であり、諸外国においても定年とセットで扱われるのが一般的です。わが国では、公的年金に関する初の法律として1941年（昭和16年）に労働者年金保険法が成立しました。これは今日の厚生年金の前身ですが、工場などの男子労働者を被保険者とし、年金支給年齢を55歳と定めました。

　定年退職の年齢と公的年金の支給開始年齢は、日本人の平均寿命が延びていくとともに、追い掛け合うように上がっていきます。2022年の時点では、定年退職の年齢は60歳（雇用確保の努力義務は70歳）、厚生年金の支給開始年齢は65歳、国民年金の支給開始年齢も65歳です。なお、2025年4月から、定年退職の年齢は65歳に引き上げられます。

　日本で定年制が定着していく初期の過程において、労働者側には「一定年齢まで解雇されずに働ける確約が欲しい」という要求があり、経営者側には、「熟練工を一定期間、自分の手元に確保しておきたい」「ただし一定期間が過ぎたら、円滑に解雇したい」という思惑があったようです。

## 日本の定年は現時点で60歳、年金支給は65歳から

しかし、日本が1955年以降の高度成長期に入ると、定年制の意味が変わってきました。日本経済がこの時期に急成長できたのは、「企業内組合」「終身雇用」「年功序列賃金」という日本的経営の〝三種の神器〟があったからです。そして、それを支えるシステムの一つが定年制でした。つまり、学生を毎年一括採用するためには、高齢の社員を一括で退社させる仕組みが必要であり、それが55歳定年制だったわけです。この定年制には、年功序列で賃金が上がり過ぎた高齢の社員を退社させ、人件費を一定以下に抑える効果もありました。

ところが、高度成長が終わり、第一次・第二次オイルショック、バブル景気とバブル崩壊などを経てグローバル経済の時代を迎えている今、「終身雇用・年功序列賃金」という日本的経営スタイルは急速に過去の遺物になりつつあります。こうした時代の変化に合わ

せて、従来の定年制を見直す企業がいくつも出てきました。例えば2020年、家電量販店のノジマは65歳定年後の再雇用契約を最長80歳まで延長可能にしました。建設機械のコマツは2021年から選択定年制を導入し、同じ年、ＹＫＫグループは定年制をきっぱり廃止しています。

一方、60歳未満の定年が禁止された1994年頃から、「役職定年」という新たな人事制度を導入する企業が増えてきました。これは、部長・課長クラスの社員のうち一定の年齢に達した者が部長・課長という役職を退く制度のことです。ここでいう「一定の年齢」は、50代後半から60歳まで企業によってまちまちですが、55歳または57歳が多いようです。直截的ないい方をすると、「今後、現職以上の出世が望めない部課長クラスの社員は潔く後進に道を譲れ」というメッセージなのです。役職を退いた社員がその後どうなるかというと、これも企業によって異なりますが、役職とほぼ同格の専門職（ただし昇格はない）に就く場合と、一般社員に降格する場合とがあるようです。役職を退くのですから、当然給与は下がります。役職定年はある意味、国から定年延長を強制された企業側の一種の自衛策といえます。社会全体として、定年延長や定年廃止の動きが見られるのと同時に、こうした役職定年も確実に増えつつあります。

ちなみに、先進諸国の多くはすでに定年を廃止しています。アメリカでは、警察官・消防士・航空管制官など特定の職業を除き、定年はありません。履歴書に年齢・性別を記入する欄はなく、採用面接で求職者に年齢を聞くこともタブーとされています。イギリスでも、2011年から定年制が原則廃止になりました。そのほか、フランス、カナダ、オーストラリアなどでも一部の例外を除き、定年制は違法だとされています。

これらの国では、年齢による差別は禁止されており、能力さえあれば何歳になっても働くことができます。その代わり、能力がないと企業が判断すれば、いつでも解雇することができます。「定年制がない」とはそういう意味なのです。

## 人生100年時代において定年制は〝時限爆弾〟

私は経済学者ポール・クルーグマンと同じく、日本も定年制を廃止すべきだと考えます。

なぜなら、定年制は人を〝攻め〟ではなく〝守り〟に入らせてしまうからです。

私がその事実に最初に気づいたのは、今から十年ほど前の50歳頃に、大学時代の友人7人と久しぶりに集まって飲んだときです。大学は早稲田の政経で、就職先はメーカーから金融まで各自バラバラでしたが、卒業して30年くらい経つと、なんとなく2つのタイプに分かれていました。

一方は、きっちりネクタイを締め、それなりに上質のスーツをきちんと着こなしている、いかにもデキるビジネスマン風のおじさんたちです。もう一方は、BDシャツ、チノパンにブレザーを合わせていたり、セーターに渋めのジャケットを羽織っていたり、なぜかTシャツ1枚だったり（私です）と、職業不詳のおじさんたちでした。どちらも、おじさんには違いありません。しかし、前者は一見パリッとして見えるものの、よく見ると目に生気がなく、顔色もくすんでいて、身体全体からなんともいえない疲労感が漂っていました。そのうちの2人は、明らかに実年齢より老けて見えます。対する後者は、あまりお金持ちには見えないものの、外見全体から受けるイメージは学生時代からあまり変わっておらず、話す声にも張りがあり、動作もきびきびしていて、実年齢より5歳から10歳くらい若く見えます。

実は、前者と後者にはそれぞれ共通点がありました。前者は大手一流企業のサラリーマンで部課長クラス、後者は私を含め、経営者かフリーランサーでした。全員ほぼ同じ年齢だし（浪人もいましたから）、大学時代は皆似たような生活を送っていたのに、卒業後の生き方や働き方が違うと、見た目の印象がこうも変わるのかと、そのときは面白く感じました。ちょっと切なくなったのは、一次会を終えて二次会へ繰り出そうとしたときです。

若い頃のように始発まで飲み明かす体力はありませんが、これだけメンツがそろうのは久しぶりなので、当然みんな二次会に行くものだと思っていました。私たち経営者やフリーランサーは曜日にあまり縛られることはないものの、サラリーマンなら金曜の夜が都合がいいはずだと考えて、あえて金曜の夜にセッティングしたわけです。

ところが、「二次会はどこにしようか？」という話になると、サラリーマンは4人とも、どこか気乗りしない雰囲気が漂っていました。「え、行かないの？」と、そのうちの1人に声を掛けると、「オレ、ど田舎に家買っちゃったから、終電までに帰らないと、タクシー代がえらく掛かっちゃうんだよね」と言うのです。ほかの3人のサラリーマンも同様で、二次会の飲み代と終電がなくなったあとのタクシー代を気にしていたのです。

もちろん、彼らはタクシー代が払えないほど貧しいわけではありません。むしろ、社会一般的な基準からすれば、裕福なはずです。しかし、役職定年を数年後に控えた彼らは、早くも守りの体制に入っているようでした。老後のための蓄えは1円でも多く残しておいたほうがいい。人生100年時代を迎えた今、自分たちがどれだけ長生きするか分からないから、途中で老後資金が底を突かないよう、節約できるところはできるだけ切り詰めておきたい。彼らはそんなふうに考えているようでした。

この4人がどことなく元気がなく、老けて見えるのはそのせいだと気づきました。彼らは自分で自分のゴールを勝手に決め、最終的な資産の残高もある程度計算して、それを少しずつ切り崩しながら生活していこうという、完全リタイヤモードで生きていたのです。まるで会社から退いただけでなく、自分の人生からも退いてしまったかのように見えました。

今後自分は新たに何かを生み出すことはなく、今ある資産を食いつぶしていくだけの人生だと、そんなふうにとらえているのであれば、何事にも消極的になるのは当然です。しかし、そんな残り物のような人生はあまりに空しく、悲しく、つまらないといわざるを得ません。

そんな彼らを見ていて、私はなぜか「即身仏」をイメージしてしまいました。

即身仏とは、生きながらミイラになった僧侶のことです。日本の密教では、民衆を救うために僧侶が自ら進んで即身仏になる例がいくつも見られ、山形県の大日坊にある真如海上人の即身仏や、海向寺にある忠海上人、円明海上人の即身仏が有名です。自らミイラになるためには、外界との交流を遮断するため土中に埋められた箱に入り、肉体が腐らないよう穀類を避けて木の実などを食べ、徐々に食べる量を減らして絶食し、水も控え、最後は腐敗防止のために漆を飲むという想像を絶する苦行です。この最終的に仏になるためにいろいろなものを我慢し、制限していく過程が、私には定年に備え耐乏生活に入るサラリーマンとダブって見えたのです。

このように定年制は、地道に働いてきたサラリーマンに対して、個々人の事情などまったく汲まず、「キミの社会人人生は●●歳で終わります」と一方的に宣告するようなものなのです。この制度により、多くの男たちがオスとしての牙を抜かれ、無気力化させられています。それと同時に、まだまだ働ける男たちを55歳から65歳で舞台（社会）から強制退場させてしまうことは、この人口減少時代に逆行する愚策でもあると思います。

## 定年制が社会の安定インフラだった時代はもうとっくに終わった

単に定年制を廃止しただけでは、沈みゆく日本をよみがえらせることはできません。現在正社員の人が年齢制限なく働き続けるだけなので、その人に支払われる人件費が企業経営を圧迫し続けます。そうなると、企業は新たな人材を採用できなくなるし、無理に採用すれば人件費の負担が重くなり過ぎ、やがて経営は破綻します。そんな企業が続出すれば、日本経済は今よりも確実に悪くなります。

そこで重要になるのが、定年という年齢制限をなくすと同時に、企業側に従業員をいつでも解雇できる権利を与えることです。アメリカなど諸外国の人事制度はそうなっています。日本のように「年齢」を基準に退職させるのではなく、あくまでも「能力」を基準にして、退職させるべきかどうか決められるようにならなければいけません。

会社を経営している人や人事・労務関係の仕事に就いている人なら誰でも知っています

が、わが国の労働法制では、労働者の解雇が極めて難しくなっています。よほどの不法行為を犯さない限り、一度採用した正社員はなかなかクビにできません。だからこそ、今の日本では非正規雇用がこんなにも増えてしまったわけだし、正社員と非正規との間で深刻な賃金格差が生まれてしまったのです。たとえ正社員として採用しても、報酬に見合うだけの働きができない場合はいつでも解雇できるというルールが国民の間に広く浸透し、多くの国民が受け入れるようになれば、日本経済はより活性化すると思います。

とはいえ、そうやって社会のルールを変えるには政治の力が必要であり、時間も手間も掛かります。また、時間と手間を掛けても、それが達成できる保証はありません。

日本経済をもう一度復活させるために、生涯現役の男たちを一人でも多く増やすことが必要なのです。生涯現役の男とは、死ぬまで現役として働き続け、死ぬまで現役で稼ぎ続ける男のことを指しています。

この場合、その男性が定年制度のある会社の社員であるかどうかは関係ありません。たとえ自分が定年退職になったとしても、その段階でビジネスマンという肩書きを捨てずに、別の職場に再就職して働き続ければいいだけの話です。もし、再就職するのが難しければ、自分で起業するのもいい。あるいはとりあえず、アルバイトをするのもいいと思います。

とにかく、「死ぬまで稼ぎ続ける」という気概をもち、生涯現役でいることに誇りをもって働き続けることが、生涯現役の男である条件です。

## 「老後」という概念があるのは人間とペットだけ

数年前、ある科学雑誌を読んでいて、「老後という概念があるのは人間とペットだけだ」という記事を読み、目からウロコの落ちる思いがしました。いわれてみれば確かに、野生動物に「老後」などありません。ライオンという肉食動物にしろ、ヒグマという雑食動物にしろ、シマウマという草食動物にしろ、それぞれの個体は死ぬまで自分で自分のエサを取って食べます。ライオンは獲物となる動物を、ヒグマは木の実や魚や小動物を、シマウマはサバンナの草を食糧にしています。「生活の糧を得ること＝仕事」だとすれば、野生動物は死ぬまで仕事を続け、仕事ができなくなれば死ぬしかありません。それが遠い昔、

地球に生命が誕生して以来の、自然の摂理だったわけです。

人間は、そんな自然の摂理に逆らって生きています。人間は一定の年齢になれば次世代に仕事を譲って退職し、無職になります。そうやって、仕事に必要な知識と経験を次世代に継承していくのです。そして最後は、たいてい誰かのお世話になりながら死んでいきます。人間には、野生動物がもち得なかった高度な社会性があり、他者を思いやり助け合う利他の精神があります。だからこそ、人間は「老後」という野生動物にはない時間を獲得できたわけです。

私はそういった〝人間らしさ〟を少しも否定しません。しかし、死ぬまで働き続ける能力のある人がそれに気づき、その能力を発揮することもまた否定しません。むしろ現代の日本においては、オスとしての本能に目覚め、死ぬまで働き続ける意思と能力の男たちが必要だと考えます。なぜなら、少子高齢化や国際競争力の低下など、今の日本が抱えている諸問題を一気に解決するには、生涯現役の男たちを増やすことがぜひとも必要だからです。

## 私はどのようにして「生涯現役」という生き方にたどり着いたのか

私が「生涯現役」という生き方にたどり着いたそもそものきっかけは、大学の友人たちとの飲み会でした。そこで、役職定年を控え、守りの生活に入っている同じ50歳前後の男たちを見て、とても残念に思ったのです。人生まだまだ、いろいろと楽しいことがあるはずなのに、彼らは早くも自分の人生の店仕舞いを考え、シャッターを半分くらい下ろしてしまっていると感じました。自分のテリトリーに入ってくる新しいものはできるだけ制限して、自分からは新しいことにはできるだけ首を突っ込まないようにしている。そんな消極的な姿勢が見られたのです。会社のために50歳まで必死に働いてきたのに、今はこんな状態になってしまって、彼らははたして幸せなのだろうか……。ふと、そんな疑問が湧いたのでした。

ちょうどその頃、私は二度目の結婚をして、50歳で長男を授かりました。私が現在の会社を創業したのは39歳のときです。それからほぼ10年間、馬車馬のようにがむしゃらに働いてきました。その間、きちんとした健康診断は一度も受けておらず、自分の肉体が今どんな状態なのか全然分かりません。長男が大学を卒業するくらいまで、自分は元気でいられるだろうか。少なからず、そんな不安が頭をよぎりました。

長男が生まれたのとほぼ同じタイミングで、私は仕事を通じて、医学博士の堀江重郎先生と知り合いになります。堀江先生は泌尿器科の専門医で、すでに何冊も著書を出しているメンズヘルスの第一人者でもあります。当時は帝京大学医学部の主任教授（現在は順天堂大学医学部・大学院医学研究科教授）を務め、アンチエイジングを専門に研究している日本抗加齢医学会のナンバー3でした。堀江先生に、「過去10年ほど、検査らしい検査はほとんどしていないんですが、そろそろ人間ドックを受けたほうがいいでしょうか？」と聞いてみました。すると、堀江先生はこんなアドバイスをくれました。

「40代だったら、まだ生活習慣病は心配しなくていいので、人間ドックはお勧めしません。CTやレントゲンやPETで無駄に放射線を浴びる必要もないですから。しかし50歳を過ぎたら、がんなど生活習慣病のリスクが急速に高まるので、年に一度は人間ドックを受けておくべきです」

そこで、高精度な人間ドックで定評のある四谷のクリニックでドックを受けたところ、私は愕然とします。すでに私の肉体はボロボロでした。血圧も悪玉コレステロールも中性脂肪も血糖値も肝機能も、すべてDの要治療レベルです。信じ難いことに、中性脂肪の数値は911でした。これはマズい！　息子の成長を大学卒業まで見届けるには、すぐにでも肉体改造を始めなければと思い立ちました。

それから私は医学関連の書籍を読みあさり始め、懇意にしている堀江先生を通じて、多くの医師の先生とも交流するようになりました。

そんなある日、堀江先生から驚くべき話を聞きます。堀江先生が所属する日本抗加齢医学会は、加齢とアンチエイジングに関してさまざまな分野からアプローチしているため、専門科を横断する形で5000人以上の会員がいます。そのつながりでiPS細胞の山中伸弥先生と知り合い、再生医療が想像以上の速さで進化しているのを知ったそうです。堀江先生の話では、これから10年先くらいまでの間に、自分の細胞から必要な臓器が作れるようになり、200万円くらいの費用で、自分の悪くなった臓器を新品の臓器と交換することが可能になるそうです。つまり、心臓が悪い人は自分の細胞からそっくり同じ新品の心臓を作って置き換えればいいし、胃がんの人は胃を全摘したあとで、自分用の新しい胃に付け替えればいい。そうすれば人間の寿命は飛躍的に延びて、人生100年時代どころか、人生120年時代、130年時代がやって来るというのです。

その話を聞いて、私は俄然、奮い立ちました。自分のため、家族のために、100歳、110歳、120歳まで生きてやろうと決意したのです。そのためには、あと50～60年生きられる、丈夫な肉体を作らなければならないと強く思いました。

また、その頃になると、良質な食材を全国から取り寄せてネット販売するビジネスも軌道に乗り、多くの得意先との交流が生まれていました。ビジネスの性質上、顧客のほとんどは経済的に余裕のある中高年男性で、主に大都市在住の医師、弁護士、会社経営者などでした。そのお客さんたちがまた、すこぶるパワフルなのです。多くは70歳を過ぎても現役バリバリで働いていて、オスとしてもギラギラしており、会って話をするだけで私のほうが元気をもらうほどでした。サラリーマンの友人たちとは、受ける印象がまったく違うのです。

全員が現役を引退しようなんてこれっぽっちも考えておらず、死ぬまで稼ぎ続ける気満々でいます。「老後のためにお金を取っておこう」という発想そのものがないのです。確かに、死ぬ直前まで働いて日銭を稼いでいれば、老後の資金など不要です。そのため実に気前がいい人が多いのです。

例えば、医者4人でヘリコプターをチャーターして、自動車なら片道3時間掛かる名門ゴルフコースまで、片道30分でプレイしに出掛けていったりしている。ヘリコプター代は一人5万円ほど掛かったみたいですが、それで往復3時間半も時間を節約できるなら、忙しい人たちにとってはまさに生きたお金の使い方だと感心しました。

そうした人たちとの出会いを通じて、自分の老後についてはあまり意識しないほうがいいことに気づきました。生涯現役で働き続けようと挑戦する人は、挑戦する意欲が日々の活力を生み、いつまでも若々しくパワフルでいられるのだと確信したのです。

それと同時に、生涯現役に挑戦する男たちが増えれば、この日本も変わるはずだと気づきました。世の中には、大学同期の友人たちのように、定年を控えて萎縮した生き方をしている中高年男性がたくさんいます。そんな彼らが一転、攻めの姿勢で人生を生き直そうとしたとき、そこに新たな出会い、新たな夢、新たなアイディア、新たな消費、新たなビジネスが必ず生まれ、日本経済も活性化するはず。あえて大上段に振りかぶれば、生涯現役の男たちこそがこの日本を救うのです。

それからの私は、「自分流に生涯現役の男になろう」と決意しました。

生涯現役を貫くには、まず肉体がいつまでも若々しく元気でなければなりません。そこで私は、若く健康だった20歳の頃の肉体を取り戻すべく、肉体改造に取り掛かりました。目標は身長170cm、体重55kg、ウエスト69cmに設定し、どれも20歳のときの数値です。身長は変わっていませんが、その時点で体重は65kg、ウエストは84cmもありました。

最も大切なのは、無理をしないことです。なんといっても、その時点で50歳過ぎなのですから、ハードなトレーニングをすれば、絶対に身体のどこかを痛めます。それが最初から分かっていたので、無理なく日常的にやれる範囲で自分なりのエクササイズに取り組みました。10年後の現時点で体重は55kgを達成し、ウエストは71cmで目標まであと2cmです。

身体がすっきり絞れてくるとともに、血液検査などの数値も一気に改善しました。現時点で、肉体に不安な要素はほぼありません。これなら本当に、100歳以上まで生きられそうです。そう実感できているからこそ、私はこの本で多くの中高年男性に、生涯現役のススメを説こうと考えました。

# 生涯現役の男たちが増えれば、日本経済が好転する

生涯現役の男たちが増えれば、少子高齢化によってもたらされる弊害のかなりの部分を解消できます。少子高齢化のいちばんの問題は、現役世代の減少により、日本の社会保障制度の存続が危うくなる点です。最も分かりやすいのが年金問題です。

日本の年金制度は賦課方式を採用しており、現役世代の支払う保険料が高齢者の年金の原資になっています。つまり、現役世代が今の高齢者世代を支え、現役世代が高齢者世代になったとき、今度は次の現役世代が新たな高齢者世代を支える仕組みです。そうやって、わが国では順送りに高齢者の老後を支えてきましたが、少子高齢化が進むと、現役世代の負担が重くなり過ぎ年金制度そのものが崩壊します。

しかし、定年に関係なく、生涯現役で働き続ける人が大幅に増え、年金を支給される側ではなく保険料を納める側に回れば問題は解決できるのです。

例えば、2023年1月の総務省統計局人口推計の年齢別人口を見ると、20歳〜64歳の現役世代人口は約6860万人、65歳以上の高齢者人口は約3621万人です。これを高齢者人口／現役世代人口で割り算すると、1人の高齢者を1・9人の現役世代で支える形になっています。

そこで、65歳以上の男性約1571万人のうち、約4分の1の393万人が高齢者を支える側の現役世代に回ると、1人の高齢者を2・3人の現役世代で支える形になり、現役世代の負担はぐっと軽くなります。また、高齢男性の約10分の1の157万人が現役世代側に回ったとしても、1人の高齢者を2・0人の現役世代が支える形になり、やはり現役世代の負担は軽くなります。このように、65歳以上の男性の10〜25%が生涯現役を宣言して高齢者を支える側に回れば、日本の年金制度はこれからも安定した運営が可能になります。

さらに生涯現役の男が増えれば、日本経済は確実に元気に活性化します。なぜなら、生涯現役の男はお金を貯め込むより、有意義に使うことを優先するからです。

2019年6月、金融庁・金融審議会市場ワーキング・グループの報告書が公開され、「高齢夫婦無職世帯の場合、20年で約1300万円、30年で約2000万円の金融資産取り崩しが必要」という記述が大きく取り上げられました。いわゆる「老後資金2000万円問題」です。

サラリーマンは定年退職までに2000万円用意しなければ生きていけないと大げさに報道されたため、将来に対して不安を覚えた中高年も多かったのではないかと推察します。

無職の状態で老後を迎えれば、貯蓄資産というストックに生活費を頼らざるを得ません。しかし生涯現役の男を目指すのであれば、老後2000万円問題などどこ吹く風と受け流すことができます。なぜなら、生涯現役の男は死ぬまでお金を稼ぎ続けるわけですから、ストックを当てにする必要はなく、定期的な収入というフローで生活していけるからです。

そういうわけで、生涯現役の男なら将来のための貯蓄は基本的に不要になります。万が一のために必要最低限のストックは必要だとしても、それ以外は収入の多くを未来のためではなく今のために使うことができます。

日銀が2021年3月に発表した2020年12月時点での家計が保有する金融資産残高は過去最高の1948兆円でした。企業の金融資産は1275兆円ですから、わが国では企業より国民の家計のほうが多くの金融資産を保有していることになります。また、総務省統計局による2021年「家計調査報告」によれば、2人以上の世帯の場合、世帯主が

40～49歳の世帯の貯蓄現在高は平均１１３４万円、50～59歳の世帯は平均１８４６万円、60～69歳の世帯は平均２５３７万円、70歳以上の世帯は平均２３１８万円でした。どの年齢層においても、貯蓄現在高は前年よりアップしています。これらの貯蓄現在高のうち、かなりの金額は老後のための蓄えのはずですから、これらの世帯で生涯現役の男たちが増えれば、貯蓄の一部は積極的に消費に回ると予想されます。そうなれば、国内で多くのものが売れるようになり、国内市場が活性化し、日本経済は好景気の方向にシフトしていくのです。

私が考える生涯現役の男の特徴は、何事も我慢しないことです。人は何かを我慢するたびにストレスを覚えます。また、これから豊かに花開くであろう好奇心の芽を、我慢は摘み取ってしまいます。何かを我慢していては、生涯現役というチャレンジングな生き方はできません。肉体改造など、一面で自分を厳しく律しながら、同時に、もう一面で自分の欲望を節度をもって解放することが生涯現役の男の生き方だと考えます。

この場合の我慢しない対象は、恋愛・趣味・買い物など各人各様であっていいと思います。例えば私の場合、直近の買い物例では、カーボングラファイト製の調理釜41万

8000円があります。ご飯を炊くお釜としては確かに高価ですが、機能や性能、デザイン性などを総合的に見て、極めて合理的な価格だと納得したため迷わず購入しました。こういう買い物は、何事も節約と我慢で老後を乗り切ろうと考えていてはできません。確かに高い出費でしたが、その分また稼げばいいのです。そんなふうに前向きに考えられれば、人生はもっと楽しく豊かになります。そして、私のような生涯現役の男が増えれば、日本の経済も元気になるのです。

こういう話をすると、「そういうお金の使い方をしていて、将来のことが不安になりませんか」と必ず聞かれます。しかし、私に言わせれば、これから先何が起こるか分からない時代においては、将来設計することのほうが逆にリスクになってしまう可能性もあります。

老後資金2000万円問題にしても、2019年の時点では2000万円が妥当な金額だったのですが、あれから私たちを取り巻く世界情勢は大きく変化しました。新型コロナのパンデミックはいまだ終息していないし、ロシアによるウクライナ侵攻を発端に、世界でエネルギー危機や食糧危機が現実のものとなり、多くの国で物価が急騰しています。もし、今後日本でハイパーインフレが起きたり、台湾有事やどこかの戦争に巻き込まれてしまったりしたら、円の貨幣価値が急落し、2000万円が数十万円の価値にまで下落してしまうことだって考えられます。あるいは、近い将来必ず来るといわれている首都直下型地震や東南海地震が発生すれば、これまた貯蓄というストックの価値もどうなるか分かりません。

しかしストックに頼ることなく、生涯現役の男として現金収入を獲得し続けていれば、時代がどう変化したとしても、その時点における貨幣価値で収入が得られるため、資産の目減りに一喜一憂せずに暮らし続けることができるのです。

## 生涯現役の男が増えれば、日本のGDPが増え、国際競争力が高まる

これまで高齢を理由に定職に就かなかった人が、生涯現役の男としてふたたびバリバリ働きだすようになれば、日本全体の労働生産性が上がり、日本のGDPも大きくなります。

それは結果的に、日本の国際競争力を上げることにもつながります。

ここからは私見になりますが、2019年の労働基準法改正により、残業時間を「月45時間、年360時間まで、例外的に単月100時間、年720時間まで」と決めたことについては、今でも疑問に思っています。バブル崩壊以降、さまざまな業界で悲惨な過労死事件が起きたことを受けての法改正でしたが、一部のパワハラ上司が起こした事件を受けて労働界全体に網を掛けるように規制するのは、どこか間違っているように思えるのです。今後、過労死事件が起きないようにするには、日本社会全体の労働時間を短くするのではなく、過労死を起こさせたパワハラ上司に重い刑事罰（自殺関与罪や業務上過失致死罪など）を科すことが抑止力になると思うのです。

わが国がGDPや1人あたりGDPをもっと増やす最も簡単な方法は、働く人1人あたりの労働時間を延ばすことです。もっとお金を稼ぎたければ、もっと長い時間働けばいい。極めて単純明快な論理です。その単純な論理を「働き方改革」や「ワーク・ライフ・バランス」という言葉で否定してしまうのは、人口減少局面を迎えた日本にそぐわないように思います。

ともあれ、生涯現役の男が増えれば、日本のGDPも1人あたりGDPも確実に増えます。また働くことで社会と密にコンタクトする機会が多くなり、認知症予防の効果も期待できるはずです。生涯現役の男が増えれば、日本の社会保障制度が安定し、国民の消費行動が増えて日本経済が活発化し、GDP、1人あたりGDPが増えて日本の国際競争力が上がり、かつ、認知症患者数の抑制が期待できます。生涯現役の男を増やすことは、社会全体で取り組むべき、超重要国家プロジェクトともいえるのです。

## 親の介護のためにも生涯現役であるべき

2022年の年末、一人暮らしをしていた私の実母が認知症と診断され、いきなり親の介護問題に直面することになりました。

ケアマネージャーの選定、要介護認定を受けるための受診、今後の介護方針と介護計画の策定、家族が介護に関わる場合は役割分担と日程調整、デイサービスなど施設を利用する場合は施設の見学・選定と契約、有料老人ホームなどに入所する場合は施設の見学・選定と契約……。短期間に決めなければならないことがあまりに多く、時間もお金も掛かります。加えて、要介護者が認知症でコミュニケーションがうまくいかない場合は確実にメンタルもやられます。子育ての苦労も経験者にしか分からないとよくいわれますが、子育ての苦労は明るくポジティブなものであり、子どもが元気に育っていくのを見るのは親の喜びであり、楽しみでもあります。また、子育てはある程度将来を見通すことができます。7歳で小学校入学、13歳で中学校入学、16歳で高校入学、19歳で大学入学、22歳で大学を卒業し就職――。子育てをあと何年頑張ればいいのか、といった見通しが立ちます。

一方、介護の苦労は暗くてネガティブな苦労です。現在私は60歳で、母は80代後半ですが、今日の日本では100歳以上生きる人が9万人以上おり、母の介護をこれから何年続ければいいのか、先が見えません。母にはもちろん長生きしてほしいのですが、長生きした分だけ、介護する側の肉体的・精神的・経済的負担は膨らんでいくことは覚悟しておかなければなりません。

特に私の場合はバツイチ再婚組なので、1人目の子どもは現在30歳、2人目の子どもは現在10歳。2人目の子育てと教育にはまだまだお金が掛かります。自分の仕事を続けなががら、子育てと介護をダブルで負担していくのはツラいものがあります。これは私だけに限った話ではありません。なぜなら、わが国では晩婚化が進んでいるからです。

厚生労働省が公表している平均初婚年齢は、2020年の時点で夫31・0歳、妻29・4歳でした〈令和2年（2020）人口動態統計月報年計（概数）の概況〉。25年前の1995年時点では、夫28・5歳、妻26・3歳でしたから、初婚年齢は男女とも3歳くらい上昇しています。仮に男性が31歳で結婚し、33〜34歳で第1子が生まれたとすると、子育てと教育の負担が最も重くなるのは40代後半から50代半ばまでです。親の年齢をプラス30歳前後で計算すると、ちょうどその頃親も70代後半から80代半ばになり、介護が必要になる年齢と重なってきます。今後、晩婚化がますます進めば、子育てと親の介護を同時に行わなければならない世帯が増えていくのです。

子どもを育て、教育を受けさせるのは親の責任であり、親をしっかり介護するのは子どもの責任で、どちらも疎かにはできません。近い将来、これらダブルの責任を果たしていくためにも、私たち中高年男性には生涯現役でバリバリ働き続けることがますます求められてくるのです。

# 第3章

生涯現役の男になるために〈フィジカル編〉

# 時速8キロで歩ける身体を目指せ!

Chapter 3

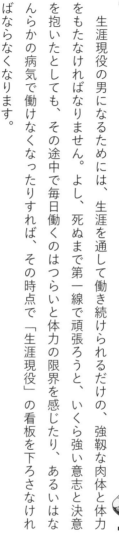

# 50歳のとき身体はボロボロだった

生涯現役の男になるためには、生涯を通して働き続けられるだけの、強靱な肉体と体力をもたなければなりません。よし、死ぬまで第一線で頑張ろうと、いくら強い意志と決意を抱いたとしても、その途中で毎日働くのはつらいと体力の限界を感じたり、あるいはなんらかの病気で働けなくなったりすれば、その時点で「生涯現役」の看板を下ろさなければならなくなります。

私が生涯現役の男を目指す一つのきっかけとなったのが、10年前、50歳で長男が生まれたことでした。せめて息子が大学を卒業するまで元気でいたいと思い、十年ぶりに病院まで足を運び、恐る恐る人間ドックを受けてみると、結果は最悪でした。血圧も、LDL（悪玉）コレステロールも、中性脂肪も、γ-GTPも、血糖値も、尿酸値も、すべて異常と判定されたからです。私が危惧していた以上に肉体は不健康であり、問題山積みの状態でした。

同じ頃、もう一つのショッキングな体験をします。

ある日、国立代々木競技場前の広場で、スポーツ系のPRイベントが開催されていました。誰でも無料で参加できる体力測定のコーナーがあって、私にはたまたま時間があり、参加者もあまり並んでいなかったので、興味本位に握力と背筋力を測ってみました。すると、握力は27kg、背筋力は74kgでした。おおよそ30年の社会人生活の間に、筋力は若い頃から激減していたのです。その当時、腰痛には悩まされていましたが、まさかここまで筋力が落ちているとは……。当時、運動などで身体を動かすことはほとんどなかったので、いつの間にか筋力が衰えていることにまったく気づきませんでした。

私は学生時代、体力にはそれなりに自信がありました。酒屋でアルバイトしていて、都内各所の飲食店に酒類を届けるという、けっこうキツめの肉体労働をしていたからです。

特にキツかったのが、ビールをケースごと運ぶ仕事です。ビール大瓶1ケース（20本）の重さは、頑丈なプラスチックケース込みで26～27kgにもなります。それを2ケース重ねて、軽トラックから居酒屋やバーまで運ぶのですが、時には狭くて急な階段を上ったり下りたりしなければならず、最初の頃はずいぶん苦戦しました。それでも、アルバイトを続けるうちに体力筋力が付いてきて、手もごつくて分厚くなり、バイトを辞める頃には3ケース（約80kg）まとめて運ぶこともありました。大学の体力測定で測った数値は、握力70kg、背筋力180kgで、どちらも20代男子の平均以上はあり、当時はリンゴを握りつぶすこともできました。身体は大きいほうではありませんが、体力筋力はけっこうイケてると思っていただけに落胆したことを覚えています。

このように当時50歳の私は、人間ドックの数値も、筋力測定の数値も、ボロボロの状態でした。これから成長していく息子のために健康で長生きするためには、すぐに何か手を打たなければなりません。しかし、どこから手をつけるべきか分かりませんでした。

そこでまず、自分の身体で最も頭を悩ましていた腰痛をなんとかしようと思い立ちました。整形外科を受診し、レントゲン写真を撮ってもらうと、背骨が明らかに右に傾いています。自分では真っ直ぐ立っているつもりでしたが、長年の運動不足と、医学的に正しくない姿勢がすっかり習い性になっていたせいで、身体の軸となる背骨と骨盤の接続が歪んでいたのです。

## 腰痛を改善するため体幹トレーニングを始める

背骨と骨盤の矯正は整体師の仕事なので、腕のいい整体師を知り合いに紹介してもらい、さっそく通い始めます。そのときから私の体幹トレーニングが始まりました。

骨盤矯正のためのマッサージを受けながら、整体師から話を聞いたり、自分なりに腰痛改善やストレッチ関連の本を読み漁ったりして研究した結果、私の肉体改造の第一歩は、体幹を鍛えることだと確信しました。しかし、これがなかなか難しいのです。

体幹を鍛えるにはまず正しい姿勢を身体に覚え込ませ、常に正しい姿勢を保ち続けることが重要です。しかし、正しい姿勢を保持するには、それなりの筋力が必要でした。例えば胴回りだけでも、〝シックスパック〟と呼ばれる腹直筋や、脇腹の外側と内側にある腹斜筋、腹斜筋のさらに奥にあるインナーマッスルの腹横筋などがあり、これらがしっかり働いてくれなければ、長時間にわたって正しい姿勢をキープできません。社会人になってからおおよそ30年間、ほとんど運動らしい運動をしてこなかった私は、姿勢を保持するためのこれらの筋肉がまったく発達していませんでした。

しかし、焦りは禁物です。肉体改造に取り組むに当たって、私は「絶対にこれだけは守ろう」というモットーを掲げていました。それは、無理をしないことです。

「六十の手習い」という言葉がありますが、私の場合は「五十の筋トレ」です。身体はすでにあちこちガタが来ていますが、それなりの経験も積んでいるので、この歳からのトレーニングでいちばんこわいのは、頑張り過ぎてケガをすることだと分かっていました。できることからコツコツと、地道に続けていこうと自分自身に言い聞かせていました。

解説書を見ながら、自宅でいろいろなストレッチや体幹トレーニング法をやってみましたが、そのたびに今度は左膝が痛くなったり、右肩が痛くなったりしました。どこかのゆがみを直すと、別のどこかが痛くなったりして、自分でもわけが分からなくなりました。要するに、悪い形なりにバランスが取れていた身体の一部を正常に戻すと、別の部位に新たなひずみが生じてしまい、今度はその部分が痛くなってしまうのでした。そのため、トレーニングは一進一退の状態です。「良くなっている」という実感がなかなか得られず、トレーニングする意味があるのかと、不安にも思いました。そのうち、決して無理はしなかったはずなのに首が痛くなってきて、整形外科を再度受診すると、診断は「頸椎ヘルニア」でした。そのため、体幹トレーニングはしばらく休止せざるを得ませんでした。

## 高速歩きトレーニングは時速8キロが目標

そんな時期になぜ高速歩きのトレーニングを始めたのか、今では正確な理由を思い出せません。ストレッチで体幹をしっかり鍛えるのにはしばらく時間が掛かりそうだし、とりあえず早足で歩いて脂肪を燃やし、痩せるためにカロリーを消費しよう、くらいの軽い気持ちだったと思います。

調べてみると、一般の人が日常生活で歩く速さは時速4キロ程度で、また高校男子競歩選手の平均的な速さは時速12キロだと分かりました。そこで私は、その間をとって時速8キロで歩くことを目標にしたのです。

とはいえ、私のモットーでありポリシーは無理をしないことです。時速8キロで歩くことを目標にしたからといって、勢い込んでランニングシューズやウォーキングシューズを買いにいったりはしませんでした。トレーニングウェアやストップウォッチも買いそろえていません。もちろん、どこかの競技場やランニングコースに出掛けていくこともありません。普段どおりのごく普通の生活のなかに、ごく自然な形で早足トレーニングを取り入れようと考えました。なにか特別なことをしたりすると、結局は長続きしません。それまでの人生50年の経験から、そういった〝あるある〟については、痛いほどよく分かっていました。また、いきなり張り切って歩き出したりすると、どこかケガをする恐れもありました。

私の日常生活のなかで「歩く」といえば、毎日の食料品の買い出しです。私はほぼ1年中在宅勤務ですが、自宅からそこそこ近いところに、品ぞろえが豊富な食品スーパーの紀ノ国屋インターナショナルと、地下の食料品売場が極めて充実している東急フードショー渋谷があります。この2カ所を回ってその日の昼食と夕食の買い物をするのが、数年前からの私の日課となりました。私は全国さまざまな産地の良質な食材をインターネット販売する会社を営んでいるので、精肉・鮮魚・青果など食料品市場の動向は常にチェックしておくべき対象です。そこで私は、旬の食材の流通状況と店頭価格のチェックも兼ねて、この2店舗に毎日通っていたのです。

インターネットのマップサイトで距離を計測してみると、自宅から紀ノ国屋インターナショナルまでは約1・4キロ、東急フードショー渋谷までは約1・5キロです。2店舗をまわって帰ってくると約4・3キロになります。それぞれ時速8キロで歩く場合、紀ノ国屋までは10分30秒、フードショーまでは11分15秒、2店舗回る場合は紀ノ国屋〜フードショー間を10分30秒で歩かなければなりません。

しかし最初は、そんなに速く歩けませんでした。所要時間からすると、時速5〜6キロだったと記憶しています。速く歩けるだけの筋力がまだついていなかったし、渋谷の雑踏のなかを高速で歩くには人を避けるテクニックも必要だからです。

実際に速く歩くためにはどうすればいいのか。毎日そのテーマを意識しながら歩いていると、少しずついろいろなことが分かってきました。単に足の回転を速くするだけでは、それほど速度は上がりません。むしろ大切なのは1歩の歩幅で、歩幅を広くするには骨盤を柔軟に大きく開く必要があります。また、腕の振りを大きくしても歩幅は伸びますが、腕の振りを大きくするには、腕を肩甲骨始動で動かさなければならず、〝肩甲骨をはがす〟

動きが求められます。いずれにしても、身体の各部位の可動域を大きくする必要があり、単に歩くだけでなく、ストレッチが重要だと改めて認識しました。

自分でも「速くなった」と思えるようになったのは、高速歩きトレーニングを始めて1年ほど経ってからでした。実際、歩きながら腕時計で時間を計ってみると、目標の時速8キロには届かないものの、コンスタントに時速6〜7キロで歩けるようになっていました。肩甲骨や股関節の可動域がぐっと広がっただけでなく、足を動かす腸腰筋、内転筋、大腿直筋、前頸骨筋、大殿筋、半腱様筋、半膜様筋、大腿二頭筋などの筋力アップが自分でも実感できたのです。若さを維持するというより、50歳、51歳になっても筋肉量が増えたのは驚きでした。特に腸腰筋を構成するインナーマッスルの大腰筋、小腰筋、腸骨筋と、内転筋群を構成する長内転筋、短内転筋、大内転筋などが鍛えられたことで、体幹も強くなりました。

そしてトレーニング開始2年後には、ほぼ毎回、時速8キロ以上で歩けるようになったのです。気がつくと、体幹が強く鍛えられたせいか姿勢も良くなり、腰痛や頸椎ヘルニアの症状も劇的に改善していました。最初からこの効果を狙って始めたわけではありませんが、高速歩きは結果的に、自分にとって最適のトレーニング方法だったと思います。

この毎日の高速歩きはおおよそ30分間、約5キロ歩くことを目安にしてはいますが、それにガチガチに縛られることはありません。ここでも、無理をしないことが重要です。天気が良ければ、わざと遠回りして長い距離を歩くこともあるし、その日の気分でルートはしばしば変えます。出張続きで最近あまり歩けてないと思ったら、今週はいつもより長めに歩こうといった具合です。また、歩きながら渋谷の街の変化もチェックしておきたいので、往路と復路は基本的に違う道を通ります。

## 高速歩きトレーニングにはこんなにメリットがある

私が考える「高速で歩くトレーニングのメリット」は次のとおりです。

## ①誰でも無理なく始められる

ジョギングでもランニングでもなく、ただ早足で歩くだけです。これなら、普段まったく運動をしない人でも、体力がないと自覚している人でも、気軽に始められます。

私の場合は、特にスポーツ用の靴は履かず、普段履きのスニーカーやローファーで歩いています。それでいいのです。また、雨が降っているとき高速歩きはしません。滑ると危険だし、傘を差しながら高速歩きをすると、ほかの通行人とのトラブルのもとになります。真夏の暑い日も、熱中症の危険があるので、歩きません。なにがなんでも高速歩きしなければならないなんてことは1ミリも思わず、終始、緩い感じで取り組んでいます。

## ②全身の血流が良くなり、新陳代謝が活発化する

早歩きだけでは、ランニングのような負荷が筋肉に掛からないので、筋肉量が大きく増えることはありません。しかし、人間はただ歩くだけで、全身の筋肉の約80%を稼働させているそうです。

人間は四六時中、地球の重力を受けているので、全身の血液は自然と下半身に滞留しがちです。しかし、歩くことで太腿やふくらはぎの血流量が増えれば、筋肉がポンプの役割

を果たし、下半身に溜まりがちな血液を心臓に力強く押し戻します。その結果、全身の血流量が増え、新陳代謝が活発化し、体内の老廃物をいち早く体外に排出できるようになります。それと同時に、脳への血流量も増えるため、脳の働きも活性化します。

### ③有酸素運動で心肺機能が高まり、体幹も鍛えられる

時速8キロから10キロで早歩きができるようになれば、心拍数がけっこう上がります。心拍数がある一定以上の数値まで上がれば、その早歩きは有酸素運動として有効であり、ダイエット効果や心肺機能を高める効果が期待できます。

有酸素運動として有効かどうかは、次の計算式で調べることができます。

目標心拍数＝（最大心拍数〔220－年齢〕－安静時心拍数）×目標運動強度（％）＋安静時心拍数

仮に、50歳男性で安静時心拍数80、目標運動強度40％〜60％とすると、

（170－80）×0・4〜0・6＋80＝116〜134

つまり、高速歩きして心拍数が116〜134になれば、効果的な有酸素運動になったといえるわけです。たとえそこまで心拍数が上がらなくても、背筋をピンと伸ばし、正しい姿勢で歩けば、体幹も確実に鍛えられます。

## ④早歩きこそ、人間本来の姿

人間も動物である――。これが私の発想や考え方の原点であり、新たな問題について自分の考えをまとめたいとき、いつもこの原点に立ち返ることにしています。

有史以前、人間はいつも小走りで移動していたと考えられます。彼らの暮らす世界は決して安全ではなく、動物として見れば人間は弱い生きものであり、大型肉食獣に捕食されるリスクに常にさらされていました。そのため、身を隠す茂みなどがない開けた場所では、人間は原則的に小走りで移動していたはずです。つまり小走り＝早歩きは、人間の遺伝子に深く刷り込まれた基本的な行動なのです。

# 時速8キロを目標に毎日30分間歩こう

高速歩きは、体力と筋力を極めて安全かつ手軽に強化できる、もってこいのエクササイズです。生涯現役の男になるために、体力と筋力を地道に強化したい人は、すぐにでも始めてみてください。

方法はシンプルで簡単です。

1. まず、住んでいる町で自分にとってランドマークAとなる場所を決めます。
2. 次にインターネットで、距離の測れるマップサイトにアクセスし住む町を表示します。
3. 最初に選んだランドマークから2〜5キロの距離にある、もう一つのランドマークBを選びます。
4. あとは2つのランドマークA－B間の距離を実際に歩き、毎回その所要時間を計測し、時速8キロ＝分速133メートルで歩けるよう、トレーニングを続けます。

例えば、A－B間の距離が2キロなら15分以内、3キロなら22分30秒以内、5キロなら37分30秒以内に到着すれば、時速8キロで歩けたことになります。目標は、時速8キロを目標に、1日30分間以上歩くことです。片道30分に満たない場合は往復するのもよいです。時速8キロを達成しても、トレーニングはもちろん毎日続けます。次は時速9キロを目標に据えて取り組んでいきます。

## 体幹を鍛えれば見た目もカッコよくなる

高速歩きと併行して行いたいのが、体幹を鍛えるストレッチです。その方法はヨガやストレッチのテキストに載っているので、自分でやりやすいものから取り組んでいきます。

## ①プランク

両ヒジを床につけてうつぶせになり、前腕を床につけ、足を肩幅に開き、つま先立ちする要領で身体を浮かせます。うつぶせで本を読む状態から、腰を浮かせるイメージです。その状態のまま30秒間キープします。30秒の休憩をはさみつつ30秒を3セット、慣れてきたら1分を3セット行います。両てのひらを床につけると、より負荷が掛かります。

## ②片足プランク

プランクの、片足だけ床から持ち上げるバージョンです。右足を上げて15秒キープし、次に左足を上げて15秒キープします。身体をひねらないように注意し、30秒の休憩をはさみつつ、(15秒＋15秒)を3セット行います。慣れてきたら(30秒＋30秒)を3セットに負荷を上げていきます。

## ③ヒップリフト

仰向けに寝て、両てのひらを床につけ、膝を90度に立てます。その状態で、横から見て肩・腰・膝が一直線になるようにお尻を上げます。その際、両てのひらで床を押すような感じです。そうやってお尻を上げたらすぐに下ろし、すぐにまた上げて下ろす動作を10回繰り返します。10秒の休憩をはさんで5セット、慣れてきたらお尻の上げ下げ20回を5セット行います。

誰にでもできる簡単なストレッチですが、毎日地道にトレーニングを続ければ、体幹は確実に強くなります。私も腰痛や頸椎ヘルニアが良くなってからおおよそ9年間、ほぼ毎日30分ずつヨガとストレッチを続けています。

その効果は比較的短時間に現れました。少年時代に見た『巨人の星』の影響からか、50歳を過ぎて身体を鍛え直そうと思った頃から、電車に乗っている時間も有効に使おうと思い、車内ではどこにもつかまらずに立っていようと決めました。中高年の読者ならピンと来ると思いますが、「飛雄馬がジャイアンツの2軍に合流したとき、先輩たちは全員バスの中でつま先立ちして下半身を鍛えていた」という、あのシーンに触発されたわけですが、これが意外に難しいです。特に朝の時間帯は、前の電車が詰まっているとけっこう急なブレーキが掛かったりして、思わずつんのめりそうになる瞬間、つい吊革をつかんだりしていました。

ところが、毎日ストレッチを続けて10カ月目くらいから、電車が揺れてもあまりよろけなくなりました。感覚的には、大きなサーフボードに乗っているような感じです。身体の軸がしゃんとして、かつ右半身・左半身のバランスが良くなったので、車内でも普通に立っていられるようになったのです。

だったらと思い立って始めたのが逆立ちです。学生時代、逆立ちできることが私の秘かな自慢でした。もう何十年もトライしていませんが、これだけ身体の軸がぶれなくなったのなら、意外と簡単にできるんじゃないかと考えたのです。

そう思って自宅でやってみたら、ごく短い時間だけできました。真っ直ぐバランスはとれたのですが、身体を支える力が弱く、腕力というより握力が足りないと感じました。

それから、グー、パー運動などで握力を地道に強化し、5年ほど前からは、40秒間の逆立ちができるようになりました。最近は、逆立ちしたまま両足を前後左右に開く動作ができるよう練習中です。

子どもの頃は普通にできていたのに、大人になってできなくなったのが、階段を1段飛ばし、2段飛ばしで下りることです。大人がいきなりやろうとすると、まず間違いなく大ケガします。しかし体幹が強くなると、重心を真ん中にキープしたまま真っ直ぐ下に足が下ろせるので、足元がよろける恐れもなく、ずんずん2段飛ばしで下りられます。最近は、階下に人がいないのを確認して、自宅の階段を2段飛ばしで下りています。

体幹が鍛えられると、自然と姿勢も正しく、美しくなります。体幹の強い人は歩く姿も颯爽としていてカッコよく、若々しく見えるのです。体内に内臓を吊り下げているインナーマッスルが強化されるため、胴回りも引き締まり、下っ腹もぺったんこになります。

生涯現役の男になるにはフィジカルが重要ですが、そのフィジカルには「見た目」も含まれます。何歳になっても、女性の目に「魅力的な男性」として映りたいという想いも、重要なポイントだと思います。女性に好感をもってもらえたときは自分でも分かるし、それが自分よりずっと年下の女性だったら、生涯現役の男として、それまで以上の自信とエネルギーが湧いてきます。

多くの医師の指摘しているところですが、見た目年齢の若い人は、内臓も若く元気だそうです。ちなみに、トレーニングを始めて10年経った2022年現在、歩くルートが歩行者で混雑していなければ、時速10キロの高速で歩くことができます。また、10年前から付き合いのある整体師からは、最近、「あの頃に比べて、萩原さんの姿勢と体形は信じられないくらい改善していますね」と言われました。

## 生涯現役のためには握力強化が極めて重要

フィジカル面で生涯現役を実現するためには、脚力や体幹を鍛えるとともに、握力の維持・強化が極めて重要です。

なぜ握力なのか？と疑問に思う人もいるかもしれません。しかし、私がこだわるのには理由があります。なぜなら、最新の医学研究によって、握力が低い人ほど認知症を発症するリスクの高いことが分かってきたからです。

研究を行ったのは、米国カリフォルニア大学サンフランシスコ校の研究者たち。研究対象となったのは、2006〜2010年にイギリスで観察研究に参加して握力測定を受けた39〜73歳の男女約20万人。彼らを11年以上にわたって追跡調査した結果が2022年6

月に公表されたのですが、それによれば、年齢による握力の低下と認知機能の低下には明確な相関関係があることが分かりました。具体的には、握力が5kg低下するごとに、認知症の発症リスクが男性で1・16倍、女性で1・14倍も高まっていたのです。

また、握力の低下は脳の器質的変化にも関係していました。調査対象となった約20万人のうち4万人弱が頭部MRI検査も同時に受けていたのですが、彼らの大脳の画像を過去と現在で比較検討したところ、握力が5kg低下するごとに、認知機能障害と関係がある大脳の白質病変の容積が男性で約93立方ミリメートル、女性で約84立方ミリメートルずつ大きくなっていたのです。

話が小難しくなるので、数値にはこれ以上深入りしませんが、要するに、握力が低下している人ほど、認知機能も低下することが分かったわけです。だとすれば、握力を維持強化することは、認知症予防においても極めて有効であることが分かります。

私がこの「握力と認知症」に関するニュースを知ったのは2022年の秋頃ですが、それ以前から、「中高年男性にとって握力強化は重要」という認識はずっともっていました。私自身、若い頃に比べていつの間にか握力が低下していたという実体験があったし、定年退職して現役を引退した男性は、放っておくとどうしても握力が低下してしまうことを知っていたからです。

現役を引退した男性はなぜ握力が低下するのか。それは、仕事を辞めた途端、男性は物を持ったりつかんだりする動作をほとんどしなくなってしまうから。

女性の場合は日常的に家事をしていますから、買い物したり、調理したり、皿洗いしたり、掃除したり、洗濯したり、洗濯物や布団を干したりと、とにかく手をよく動かします。けっこう重い物を運ぶこともあれば、ぞうきんや手ぬぐいを絞ったりするなど、恒常的に握力を使っているわけです。一方、仕事を辞めてしまった男性は、手をあまり動かさなくなります。出張でスーツケースを持ち運ぶこともなければ、重いカバンを持ち歩くこともない。家事などほとんどしませんから、ゴルフや日曜大工など手を力強く動かす趣味をもたない限り、握力はあっという間に衰えてしまうでしょう。

握力は文字どおり「物を握る」力ですが、先ほど家事の例を見たように、日常生活において欠かせない筋力であり、またスポーツやトレーニングをするうえで極めて重要な筋力でもあります。例えば、野球、テニス、バスケットボール、ハンドボールなどの球技をする場合、握力の強弱によって、パフォーマンスは明らかに違ってきます。私にとってなじみ深い野球の例でいえば、握力があればボールを投げるときのコントロールがつけやすいし、ピッチャーの場合はより速い球が投げられるし、握力の持久力があれば、球数を投げても球速が落ちません。バッティングにしても、ボールを打つ瞬間にバットをしっかりグリップできていれば、より強い打球を打つことができます。

トレーニングする場合でも、握力があればダンベルなどの器具を使ったエクササイズが効果的にできるし、鉄棒により長くぶら下がっていることができます。私は体幹を鍛えるためによく逆立ちするのですが、握力を強化してから、逆立ちの姿勢が明らかに安定するようになりました。ストレッチしながら自分で自分の筋肉をもみほぐすときにも、握力の重要性を日々感じています。

では、握力を維持・強化するにはどうするか。

道具を使わずにできるのが、グー・パー運動です。肩の高さで両手を真っ直ぐ前に伸ばし、力を込めてグー・パーを連続して行います。「グー・パー」を1回として、100回を1日5セット。ただし最初はけっこうキツいと思うので、1セット50回から始めてみましょう。

道具を使うのであれば、お手軽なのがハンドグリッパーです。負荷10kgから負荷70kgまでさまざまなタイプがあるので、自分に合うものを選びましょう。10回連続して握れるくらいの負荷を選び、＋3回を目標に両手それぞれ1日3セット行うようにします。

また、握力を使う家事を日常的に行うのもいいでしょう。私が子どもだった時代は、「廊下のぞうきん掛け」という握力強化に最適の家事がありましたが（水の入った重いバケツを運び、ぞうきんを何度もゆすいで何度も絞る）、今日、そんなことをしている家庭はないでしょうから、本体を片手で持ちながら掃除機をかけたり、庭木の剪定をしたり、新聞紙を縛ったり、探せばできることはいろいろあると思います。私は料理が趣味なので、炒め物のときに重たい鉄製フライパンを片手で振ったり、大きな寸胴鍋を持ち上げながら洗ったりすることで、日常的に握力が鍛えられていると感じています。

ともあれ、握力を維持・強化すれば、フィジカルトレーニングがより効果的にできるだけでなく、認知症発症のリスクも下げることができ、生涯現役へと大きく前進します。

# 2つのことを同時に行う〝ながら〟エクササイズ

無理をしないことが、「生涯現役の男」になるための私のフィジカルトレーニング・ルール第1条です。そして第2条が、できるだけ2つの作業を同時にやるということです。

時間は有限であり、特に現代社会に生きる私たちは、ほとんど分刻みのスケジュールを強いられています。また、私は22年前に起業した現在の会社において、会社経営、財務管理、労務管理、食品プロデュースなどいまだに多くの業務を同時にこなしています。こんな私たちにとって時間は貴重な財産であり、資源でもあります。だから、無駄には使いたくはありません。フィジカルトレーニングにおいても、できれば何かの作業と同時に行いたいと考えています。私がこれまでスポーツジムを利用してこなかったのも、ジムに行ってしまうと、そこではトレーニングやエクササイズ以外できなくなるからです。また、ジムまで往復する時間も、私にはもったいなく感じてしまいます。

できるだけ2つの作業を同時にやることを心掛けている私は、具体的に次のようなエクササイズを日常的に実践しています。

・電車、地下鉄、バスに乗るときは、座席が空いていても吊革を持たずに立つ。前後左右に揺さぶられるのを耐えていると、足腰の筋肉と同時に体幹が鍛えられる。

・電車、バスに乗っているとき、目の前に指を立ててそれを凝視し、次の瞬間、車窓から遠くの景色を見る。目の焦点を一気に変えることで、目のピント合わせをする毛様体筋が鍛えられ、視力改善、老眼改善、疲れ目予防が期待できる。子どもの頃のように、わざと寄り目にするのもいい。

・入浴時、洗髪するときは浴室用の椅子を使わず、中腰のスクワット状態で洗う。こうすることで、下半身の筋肉に負荷を掛ける。

・入浴後、髪の毛をドライヤーで乾かすとき、意識してドライヤーを持ちかえ、右手でドライヤーを持つときは左足1本、左手でドライヤーを持つときは右足1本で立つ。こうすることで、左右の手をバランス良く使えるようになり、片足立ちで足の筋肉に負荷を掛ける。

・デスクワーク中は意識して背筋を伸ばし、正しい姿勢を保つ。そうすることで体幹が鍛えられる。時々、肺で大きく息を吸いながら、腹をへこませる動作をすると、内臓を支えている腹直筋、外腹斜筋、内腹斜筋、腹横筋が鍛えられ、内臓が上がって下腹がへこんでいく。

・ＰＣでタイピングするときも、30分のうち3分程度は、中腰のスクワット状態で行う。

・デスクワーク中、15〜30分に1回程度、次の動作を適宜行う。首を左右に振り、傾け、回転する。肩甲骨はがし体操をする。肘掛けに両手をついて力を入れ、尻を浮かせる。

・徒歩で移動中、両手に何も持たないときはグー、パー動作を繰り返す。両手を力一杯握り、10数えてパーにする。それを何度も繰り返すことで握力強化になる。握力は多くの運動や動作の基本なので、地道に行うことが大切。力一杯握りしめたあとで手を開くと、一瞬てのひらが白く見えるが、これは一酸化窒素が発生している証拠。一酸化窒素は血管を柔らかくするので、血圧を下げる効果もある。

・徒歩で街を移動中に信号待ちするときは、両足でつま先立ちしたあと、かかとをストンと落とす。この動作を何度でも繰り返す。かかとに全体重を掛けて刺激することで全身の骨代謝を促し、骨密度をアップさせる。

・立体駐車場にクルマを駐車した際、出庫を待つ間に膝の屈伸、アキレス腱伸ばしなどのストレッチを行う。
・スーパーや量販店でショッピングカートを押して歩くとき、持ち手を力一杯握り、後輪を少しだけ浮かせるようにして歩くと、握力や上腕、肩の筋肉が鍛えられる。

普段どおりの生活を送りながら、隙間時間を少しでも見つけたら、なにかしら身体を動かすエクササイズを行っています。生涯現役の男になるためのフィジカルトレーニング・ルール第3条は、隙間時間を見つけてできるだけ身体を動かすことです。

そしてもう一つ、第4条は不便を楽しみ、意識して負荷を掛けることです。旅行や出張に行くときは、キャスター付きトランクをできるだけ持ち上げて歩くように意識します。電車や地下鉄を利用するときは、エスカレーターではなく、階段を使います。それも可能であれば、1段飛ばし、2段飛ばしで上がるのです。ただし、下りるときは危険です。

ずいぶんと細かい実践例を挙げましたが、このようにふと気がついたら身体を動かしてみるという心掛けを続けていれば、それがやがて習慣になり、特に意識しなくても自然と動くようになります。地道に続ければ、70歳、80歳でも筋肉は必ず強化できます。筋肉量が増えればそれだけ基礎代謝が上がり、太りにくく痩せやすい身体になります。無理をし過ぎずに、生涯現役の男にふさわしい身体を手に入れてほしいと思います。先ほど紹介した高速歩きトレーニングも、もともとは日常的な買い出し&店頭チェックにトレーニングをプラスしたものです。

## ボロボロの体質を劇的に改善させた16時間ダイエット

妻と長男は1日3食ですが、私は1日2食です。というのも、50歳になってから「16時間ダイエット」を始めたからです。

16時間ダイエットとは、丸々16時間食べ物を摂らないという一種のダイエットであり、健康法です。そのため、私は毎日決められた16時間は固形物をいっさい口にせず、残りの8時間で食事を2回摂るようにしています。ただし、断食中の16時間でも、水などの水分は積極的に摂ります。また私の場合は毎朝、大根・大根葉・ゴボウ・ニンジン・干しシイタケを煮出した野菜スープ500ccを何回かに分けて飲んでいます。

断食、あるいは絶食が身体に良いことはさまざまな実験で立証されています。16時間ダイエットでは、胃腸などの消化器官の消化・吸収活動を16時間休ませることで、老廃物や毒素を体外に排出するデトックス効果が高まります。また、それにより腸内環境が整うため、免疫細胞が活性化し、身体全体の免疫機能が高まります。

それだけではありません。16時間断食すると、身体が空腹感＝飢餓感に反応し、〝長寿遺伝子〟といわれるサーチュイン遺伝子にスイッチが入るのです。サーチュイン遺伝子が活性化すると、身体全体にアンチエイジング効果をもたらすことが科学的に解明されていて、具体的には次のような変化が身体に起こります。

・老化の進行を遅くする。
・身体能力が向上する。
・免疫力が向上する。
・認知機能が向上する。

・頭髪や皮膚のツヤが良くなる。
・インスリンの分泌を促す。
・肝臓や骨格筋の代謝を改善する。

50歳の頃の健康診断ではボロボロだった肝機能が、この16時間ダイエットを始めてから劇的に改善しました。また、ずっと続けているおかげなのか、あるいはさまざまなフィジカルトレーニングが総合的に効いているのか、体質も驚くほど改善されました。今では血圧も、LDL（悪玉）コレステロールも、中性脂肪も、γ－GTPも、血糖値も、尿酸値も、ほぼ正常値です。血圧については一時期降圧剤を処方されていましたが、降圧剤を飲むと収縮期の血圧（上・高いほう）が100を切ってしまうため、今はもう飲んでいません。

この16時間ダイエットは、サラリーマンでも日常生活に比較的取り入れやすい健康法だと思います。16時間ダイエットの実践も含め、私の典型的な1日のスケジュールは次の図のとおりです。

5：30

**起床**

自宅では目覚まし時計はかけない。東側のカーテンを少しだけ開けておくと、そこから朝日が入るので、自然に目覚める。起きてから、前日の夕食の洗い物と後片づけをする。

6：00

**家庭菜園の見回り**

自宅は6階建てのビル。屋上が家庭菜園になっており、さまざまな野菜を育てている。朝のこの時間に菜園を見回り、成育状況を確認。無農薬栽培なので、どうしても虫が付くため、虫取りもする。

6：40

**朝食作り&お弁当作り**

長男の朝食と小学校のお弁当は毎朝作る。朝食は毎日リクエストに応え、にゅうめん、納豆海苔巻き、フルーツ盛り合わせなど、その日によっていろいろ。野菜スープ500ccを何回かに分けて飲む。お弁当を作り終えたら、すぐに洗い物。

7：20

**長男登校**

8：00

**入浴**

夏でも冬でも、最初の20分間は40℃のお湯でバスタブ入浴。大分県長湯温泉と同成分の、重炭酸イオンが溶け込んだ入浴剤を使用。入浴すると血管内に一酸化窒素（NO）が取り込まれる。一酸化窒素は血管拡張作用があり、血管が若返る。バスタブに浸かりながら10分間歯磨き。歯ブラシを持つ手を左右入れ替えながら、同時に身体の各部位のマッサージも行う（ながらエクササイズ）。排泄機能と男性機能強化のため、肛門括約筋をぎゅっと締めて100まで数える動作を2回行う。バスタブを出てから10分間、頭髪と身体を洗い、ヒゲを剃る。身体を洗うのはてのひらで。ボディ用タオルなどを使わないのは、皮膚の常在菌を取り過ぎないため。この10年で肩関節の可動域が広がったので、手だけで背中全面を洗うことができるようになった。頭を洗うときは中腰で。

8：30

**ストレッチ**

ストレッチやヨガのテキストを参考に、自己流ストレッチを毎日20分程度行う。ここでも無理はせず、それぞれの関節の可動域を少しずつ少しずつ広げていくことが重要。何歳になっても筋肉は太く大きくなるし、可動域も広げられる。

9：00

**視察&買い出し出発**

紀ノ国屋インターナショナルの開店は9時30分、東急フードショー渋谷の開店は10時。早めに行かないと売り切れる食材があるので、どちらも開店直後を狙う。このとき、高速歩きトレーニングを実践。

**10：00 視察&買い出し帰宅**

帰宅後、基本は在宅ワーク。

**12：30 昼食の料理**

朝の買い出しで購入した食材や産地から取り寄せた食材を使って、自分で料理。前日の21時以降、固形物はいっさい口にしていないので、ガッツリ系のメニューが多い。なお、仕事上で試食するときを除き、間食はいっさいしない。

**13：00 昼食**

食べるときはベジ・ファーストが基本。

**13：30 昼食終了**

料理の後片づけのあと、夕食まで在宅ワーク。

16:00
**長男帰宅**

19:00
**夕食の料理**
家族の食事は、家族一人ひとりがそれぞれ食べたいものを食べるスタイル。全員で同じものを食べることはめったにない。夕食の料理も担当で、毎日リクエストに応えて夕食を作る。自身の夕食は、飲むお酒に合わせた軽めのメニューが多い。毎日の晩酌は我慢しない。

19:30
**夕食**

21:00
**夕食終了**
このあとは翌日13時まで、16時間ダイエットを行う。なお、夕食後はアルコールが入っているので、洗い物など夕食の後片づけは翌日朝に行う。

21:30

## 就寝

人生の3分の1は睡眠時間であるため、眠りの質を良くするよう、寝具には最大限留意すべき。ベッドのマットレスは厚さ42㎝という国産メーカー最高級のものを使用。このマットレスなら枕は不要。20年の保証期間中、毎日使用すると考えれば、一晩あたりのコストは140円弱になるので、決して高い買い物ではないという。寝具の組み合わせは季節に合わせて5パターンを用意。温度+湿度の寝室内空調は、毎晩妻が天気予報を見ながら調整する。

なお、スマートフォンとタブレットは寝室にいっさい持ち込まない。画面の発するブルーライトが睡眠の質を低下させる。21時以降はメールなどもチェックしない。緊急連絡が必要な場合は家の電話にするよう、社員たちには伝えている。

# 身体のメンテナンスについて

生涯現役の男として心身を強く若々しく維持していくためには、医療と定期的にコミットすることと、自らの医療リテラシーを高めることが重要です。

私自身、病院に行くのが苦手で、10年前まではほとんど医者にかかっていませんでした。その結果、ほぼ10年ぶりに受けた人間ドックで問題点が次々に見つかり、それまでの自分の不養生を心から後悔したものです。

それ以来、私も心を入れ替え、定期的に医者に診てもらうようにしています。いまや私の恩師でもある順天堂大学の堀江先生も、「男性も50歳からは定期的にメディカルチェックを受けるべきだ」と提言しています。人生１００年時代はおろか、人生１２０年時代を迎えようとしている今、生涯現役で頑張り続けるためには、これからの身体のメンテナンスが極めて重要です。

私自身、医療機関用のごつい血圧計で血圧と心拍数は毎日測っていますが、医療機関でのメンテナンスも定期的に受けています。

・1カ月に1回……整体院による鍼治療と整体
・3カ月に1回……総合クリニックによる血液検査
・6カ月に1回……専門病院による甲状腺機能検査
・1年に1回………総合クリニックによる人間ドック
・3年に1回………総合クリニックによる大腸内視鏡検査

ここで押さえておきたいポイントは、毎回同じ医療機関で検査を受けることです。同じ医療機関であれば、長期間にわたって経過観察を続けられ、自分の身体の変化を担当医と先生と自分で共有できるからです。私の場合は血液検査、人間ドック、大腸内視鏡はすべて同じ医療機関で行っています。

血液検査は年に4回受けているので、この10年間で40回分のデータの蓄積があります。これだけ検査を受けていれば、医療分野では素人の自分にも、自分の実生活と検査データの関連性が見えてきます。例えば、直近のデータで尿酸値がこれまでの平均より高めに出たのは、ここ1カ月ほど試食も含め豆腐を集中的に食べたからだと思い当たるのです。一般的には、豆腐は完全な健康食品のように思われていますが、実はそれなりの量のプリン体が含まれているため、一度に何丁も豆腐を食べると尿酸値が上がるのです。

また、今回LDL（悪玉）コレステロールが多めに出たのは、ここ1カ月間出張が多かったからだと推察できます。その分外食する機会が増え、仕事関係の人との飲み会もけっこう多かったので、食生活を十分にコントロールできなかったのです。そこで、今月は酒量を控えめにして、野菜中心のメニューを増やそうと目標を立てます。もちろん、担当医の先生もいろいろと生活指導してくれますが、自分で気づいて実行することが大事です。自分の健康を管理している総責任者だと自覚しなければなりません。

中高年、特に50歳を過ぎると、今まで以上に医療リテラシーを高めることも必要です。世界の医学界では、新たな知見や学説が発表されたり、新薬や新たな治療法が開発されたり、さまざまなニュースが飛び交っています。そのなかで、自分の健康管理に役立ちそうな情報はいち早く知っておいて損はありません。新聞・雑誌のニュースサイトには、無料で読める医療コラムが数多く掲載されているので、気になる見出しの記事を探して読むのがよいです。医療に関連したさまざまな話題に触れると、その分医療への関心が高まり、自分自身の健康志向も高まります。

最近よく思うのは、人間の体は日本列島のような構造だということです。日本列島は北米プレート、ユーラシアプレート、太平洋プレート、フィリピン海プレートという4つのプレートの上に乗っかっているため、時間の経過とともにゆがみやひずみが出てきて地震が発生します。しかし、地震の起きた原因は震源地だけにあるわけではありません。

人間の身体もまさに同じです。年齢とともに腰が痛くなったり、膝が痛くなったりしますが、その部位だけが悪いのではありません。長年の背骨や骨盤のゆがみの原因が腰痛からきていたり、足首が硬くなったせいで膝が痛くなったりすることもあります。人間の体はすべてつながっているので、痛めた部位だけ治せばいいというものでもなく、生活習慣と合わせて全体を見ることが生涯現役を目指すうえで重要なのです。

第4章

# 目の前の仕事に熱狂しろ！

生涯現役の男になるために〈仕事編〉

Chapter 4

# 38歳で大手ゼネコンを辞め、39歳で起業する

生涯現役の男は、死ぬまで働き続ける男です。そこで多くの人が気になるのは、高齢者になっても働ける場があるのかどうか、です。

もし可能であれば、中高年のときに就いていた仕事を死ぬまで続けるのが最も理想的といえます。しかし当人がサラリーマンで、勤務する企業が定年制を堅持している場合、60歳か65歳で定年を迎え、その後5年くらいは減給されたうえで雇用延長となり、65歳か70歳で完全に退職となってしまいます。

60歳、65歳になっても年齢に関係なくそのまま仕事を続けるには、大きく分けて2つの道があります。一つは、私のようなオーナー経営者になることで、そしてもう一つが手に職をもつ技術者や技能者になることです。

オーナー経営者に定年はありませんから、自ら事業承継に向けて動き出さない限り、そ

して経営者としてのマネジメント能力を維持し続ける限り、生涯現役をまっとうすることは可能です。

現在40代のサラリーマンの人は、今こそ決断のときだと思います。このまま会社という組織にしがみついて60歳か65歳で定年退職するのか、それとも思い切って会社を飛び出し、新たなビジネスを起業して生涯現役を目指すのかという選択です。

私自身、新卒入社した大手ゼネコンを退職したのは2000年12月、38歳のときでした。ゼネコン時代の最後の11年間は北米支店に駐在し、実質的にアメリカ、メキシコでのビジネスを任され、ほとんど経営者に近い仕事をしていました。その10年の間に日本ではバブル景気が崩壊し、日本本社の経営状態は急速に悪化しました。多くの社員たちは能天気に構えていましたが、日本を離れた駐在先から見ると、会社に倒産の危機が迫っているのは明らかでした。

私は、なんとかアメリカの現地スタッフたちに頑張って仕事を続けてもらおうと思い、アメリカの公共事業にも参入し、日本本社から北米支社を切り離して別会社化しようと画策します。そのために日本とアメリカの間を何度も何度も往復し、本社上層部の人たちを説得して回りました。しかし、結局、本社側に理解してもらえず、失意のまま諦めて会社を去ることになりました。それが38歳のときだったのです。

全国優良食材のネット販売事業という、建設業とはまったく畑違いのビジネスを立ち上げたのは、私自身、以前から「食」に対して興味があったからです。中国の天津に駐在していた時代には、スタッフや職人に毎日のように手料理を振る舞っていたほどです。

また、当時日本ではインターネットのブロードバンド化が進んでおり、いわゆるeコマースが急速に業績を拡大していました。1996年にヤフーが設立し、翌年には楽天市場がオープンしました。さらに1998年にはアマゾンジャパンが誕生し、同年、佐川急便が宅配便をスタートさせています。つまり、私が大手ゼネコンを退社した頃は、日本のネット通販の黎明期でもあったわけです。

日本全国には、まだまだ知られていない良質でおいしい食材がたくさんある。一方、ネットを活用したeコマースが急速に伸びている。「食」と「インターネット」に関する、知識と記憶が私の脳内で合体したとき、今の会社につながる新たなビジネスモデルが見えてきました。特に着目したのは、日本で農林水産業を営む小規模生産者のほとんどがすでに高齢者であり、インターネットに関する知識がほぼゼロだということです。インターネットのもう一方の端には、ネット通販の便利さに目覚めた全国の消費者がたくさんいます。そこで、高齢の生産者とネット通販ユーザーを私たちの手で結びつけることができたら、そこに大きなビジネスチャンスが生まれると確信しました。また、地方を元気にすることもこのビジネスなら可能だと思ったのです。

## 自らリスクを取ったからこそ

そういったさまざまな思いを胸に、現在の会社を起業したのが2001年4月のことでした。しかし、創業当初の数年間は本当に苦労しました。サイトがオープンした当初、出店はわずか24件のみでした。それでも人手が足りず、私自身ほぼ毎日会社に寝泊まりしていましたが、アルバイトの給料を捻出するため、社長の給料は10万円です。そんな状態が何年も続きました。最大の誤算は、全国で農林水産業を営む人たちのインターネットに対

するアレルギーが想像以上に強かったことです。多くの生産者はネット通販に否定的で、「インターネットで食材のおいしさなんか伝わるはずがない」と口々に言われました。

業績がようやく好転したのは、創業して4年目を迎えたタイミングでした。ネット通販が日本社会で市民権を得ていくにつれて、生産者の人たちのインターネットに対する理解が深まり、少しずつビジネスの形をなしていきました。それまでなんとか倒産せずに会社がもちこたえられたのは、経営資金が完全には底を突かなかったからです。

会社を創立するとき、私は大手ゼネコンの退職金を含め、おおよそ5000万円の全財産を投入しました。そうやって自分自身でリスクを取ったからこそ、ゼネコン時代の上司や友人も100万円、200万円とまとまった金額を出資してくれました。もし私が500万円くらいしか投資していなかったら、上司も友人も10万円単位でしか出資してくれなかっただろうし、そうなると経営資金はあっという間に枯渇してしまい、今頃すでに会社は倒産していたはずです。

その後、幸いにも会社の業績は順調に拡大しています。現在では、出店を希望する生産者の2割程度しか希望にそえない状況が続いていて、私たちのビジネスも日本の食品市場にしっかり根を下ろせたのではないかと自負しています。私にとって、起業はやや無謀とも思える挑戦でしたが、今はあのとき決断して良かったと心から思っています。

## 将来的にＡＩに代替されやすい職種は何か

生涯現役を実現しやすいもう一つの道は、手に職をもつ技術者や技能者になることです。技術者・技能者であれば、独立してフリーランスになることができるし、企業に留まる場合でも、特別職や専門職として定年制の枠外で働き続けられる場合もあります。

ただし、技術者・技能者であっても、専門分野によっては将来的に長く働けない恐れもあります。なぜかといえば、今後ロボティクスやＡＩの技術革新がさらに進めば、現在の職業の一部がロボットやＡＩに代替される可能性があるからです。

少し前の話になりますが、２０１５年に英国オックスフォード大学と野村総研が発表した研究データによれば、日本の労働人口の49％が最終的にロボットや人工知能に置き換わると試算されているからです。また、２０２０年にマッキンゼーが発表した「未来の日本の働き方」調査によれば、２０３０年までに既存業務の27％が自動化され、１６６０万人の雇用が失われる可能性があると予測しています。

リクルートワークス研究所による「全国就業実態パネル調査２０２０」では、ある職種において、同じ動作を繰り返す定型的な仕事が多いか少ないかを基準に、ロボットやＡＩに代替されやすい職種、代替されにくい職種を割り出しています。ここでは、定型的な仕事が多いほどＡＩに代替されやすいと考えているようです。同調査による、ＡＩに代替されやすい職種、代替されにくい職種は左の表のとおりです。

このランキングでＡＩに代替されやすいと評価されていても、すぐに代替されるわけではありません。また、「仕事中、同じ動作を繰り返しやすいかどうか」だけを評価基準にしているため、より詳細な検討が必要です。ただ、ここから大まかな傾向を見いだすことはできます。

例えば、配達、運転、清掃など動作が比較的単純明快で分かりやすいか、財務や事務など人間と直接触れ合う機会の少ない職種のほうがＡＩに代替されやすいといえます。逆に、研究開発、建築設計のように高度な専門性が求められる職種、保育士、看護師、保健師な

## AIに代替されやすい職種

1．郵便配達、電話交換　2．その他ドライバー　3．清掃　4．財務、会計、経理
5．配達、倉庫作業　6．トラックドライバー　7．ビル・駐車場・マンション管理
8．一般事務　9．その他の事務　10．販売店員　11．製造生産工程作業者
12．ウエイター、ウエイトレス　13．薬剤師　14．宿泊接客　15．自衛官、警察官、警備
16．公認会計士、税理士　17．その他生活衛生関連職　18．その他接客
19．その他サービス職　20．総務

## AIに代替されにくい職種

1．研究開発（電気・電子・機械）　2．建築設計　3．広告出版マスコミ専門職
4．その他エンジニア　5．ソフトウェア関連技術職　6．建築施工管理・現場監督
7．研究開発（化学・生物）　8．塾講師　9．美術家・デザイナー　10．保育士
11．看護師・保健師　12　経営企画　13．小中高教員　14．福祉相談指導専門員
15．機械保守・メンテナンス　16．弁護士、弁理士、司法書士　17．企画・販促系事務
18．医師・歯科医師　19．建設作業者　20．文芸家、記者、編集者

ど、直接人間に触れる機会の多い職種のほうが代替されにくいといえそうです。

ちなみに、私は経営者ではありますが、財務、人事、料理、コンテンツ作成、講演のプロでもあります。技術者・技能者として複数の専門をもっているほうが、よりAIに代替されにくい可能性が高いと考えています。

さらに、最近話題を集めている「ChatGPT」は革新的ツールである一方、多くの人間の仕事を奪う〝脅威〟になると思います。2022年11月のローンチからわずか2カ月で月間アクティブユーザー数が1億人に達したと推計されており、私も試してみましたが驚くほどの高精度でした。

AIの進歩は、生涯現役の生き方を脅かす可能性が高いという認識をもっておかなければなりません。

## フィジカルさえ強くて元気なら、高齢でも現場で働ける

生涯現役の男としてお金を稼ぎ続けるには、一般的なサラリーマンよりも、経営者か技術者・技能者になったほうが有利ですが、生涯現役で収入を得る方法はもちろんほかにもあります。

最近、街でよく見かけるのが、道路工事の現場で保安要員、交通誘導警備員として働いている高齢者の人たちです。真夏の炎天下や真冬の厳寒期でも、元気に誘導灯を振り続ける高齢の警備員を見ると、思わず頭が下がります。なかには、どう見ても80歳を超えているんじゃないかと思える男性さえいます。

道路工事を行う場合、施工業者は地方整備局や自治体で定めた道路工事保安施設設置基準に従わなければならず、工事現場の大きさや形状によって、保安要員と交通誘導警備員をそれぞれ何人配置しなければならないかが決まっています。道路工事には欠かせない職種であり、将来的にもすぐにはなくならないと考えられます。そこで、70歳、80歳になっても現場で働けるだけの元気で丈夫なフィジカルがあれば、生涯現役でお金を稼ぎ続けることは可能なのです。

ほかにも、清掃、ビル・マンション管理、宅配便配送助手、軽作業、ポスティング、介護スタッフなど、高齢でも働ける職種はたくさんあります。人並み以上の体力があって、変なプライドを捨てることさえできれば、いつまでも現役で働くことができるのです。

2022年8月、厚生労働省が所管する中央最低賃金審議会と、都道府県の最低賃金審議会の決定により、2022年10月から、都道府県ごとの最低賃金が過去最高の平均31円引き上げられました。これにより、最低賃金は東京都で1072円、神奈川県で1071円、大阪府で1023円、愛知県で986円、沖縄県などで853円になりました。

こうした最低賃金の引き上げは、社会的には総じて好意的に受け取られています。しかし、最低賃金の引き上げが、逆に高齢者の雇用を難しくしている側面もあります。

高齢の人は若者のようにすばやく動けないので、作業量はどうしても落ちてしまいます。にもかかわらず、最低賃金は若者と同額なので、人件費が同じなら、結局若者を採用するしかないというのです。時給700円とか800円でも法律的に許されるなら、高齢者を雇用したいとこぼす経営者はたくさんいます。また高齢者側も、時給は若い人より低くていいから働きたいという人もいます。

時給が安くても、その分長く働けば高齢者の手取りの月収もアップします。高齢者をもっと柔軟に雇用できる仕組みがあれば、高齢になっても働きたいという人は増え、生涯現役という考え方も、社会からもっと広く認知されるように思います。

## 自分に負荷を掛けなければ成長は望めない

生涯現役で働き続けるには、働き続けられるだけの体力があることが絶対条件です。そ

れと同時に、いつまでも現役で働いてほしいと仕事関係者に請われるだけの、仕事上の能力やパフォーマンスを維持し続ける必要があります。つまり、仕事がデキる男にならなければ、生涯現役でいることは難しいのです。

私は基本的に、人間は死ぬまで成長できると信じています。昨日より今日、今日より明日と私は日々成長していると感じているし、仕事上できることの数も増えています。私は現在60歳ですが、70歳の私は今より優れた経営者になっているはずだし、さらに高度なパフォーマンスを発揮していると思います。要は自分で限界をつくらないことです。何歳になっても、自分にはまだ〝のびしろ〟があると信じることが大切だと考えています。

いくつになっても成長を続けるには、自分に対して常に仕事上の負荷を掛け続けることがポイントです。考え方は、筋力アップのためのエクササイズと同じです。普段どおりの動作をしていても筋肉が付かないように、普段どおりの仕事をルーティンにこなしていても、仕事の能力は向上しません。

例えば、初めてある仕事を担当することになったとき、それまで未経験ですから仕事の段取りも勘どころも分かりません。必要な準備も、力を入れるべきポイントと抜いてもいいポイントも、時間配分も、注意しなければならない人物なども、いっさいが五里霧中です。そこでこの仕事を完遂するために、もっている能力の100%を使って全力で取り組むはずです。

そして、その仕事を無事にやり遂げたとき、その経験がいろいろなことを教えてくれます。事前の準備に最低限必要なこと、注意すべきポイント、手を抜いてもいいポイント、取りまとめの仕方などを学んだことで、二度目にその仕事を担当するときは能力の80%くらいを使うだけで完遂できます。三度目は、一度目より全然能力を使っていないのに、仕事の仕上がりはかえって一度目よりいいというケースもあります。仕事を覚えるとはそういうことで、経験を積んで熟練になればなるほど、余力を残して仕事ができるようになります。

そうやって仕事をルーティン化することは所属する組織にとって、必ずしも悪いことではありません。もちろん、慢心して仕事が疎かになるのは論外ですが、その仕事がルーティン・ワークになれば、余力を残して作業しているので、何か突発的な出来事が起こった場合でも、それに対応するだけの余裕があるからです。

しかし、個人として見れば明らかにマイナスです。能力の50~80%（あくまで感覚的な数字です）で仕事ができるのですから、確かにラクチンですが、仕事の負荷が掛かっていないため自身の成長が望めないからです。もし、現在就いている仕事を通して成長したいのなら、あなたに100％以上の負荷が掛かる仕事を、ラクチンな選択肢よりキツい選択肢を選ばなければなりません。

## 無理だと思った仕事も断らない

自分に負荷を掛けなければ、成長できない。私は若い頃から、そう自覚していました。そこで、私なりに考えた「自分に負荷を掛ける方法」の一つが、無理だと思う仕事も断らないことです。

例えば、地方出張から戻ってきた翌日の営業マンはいつも以上に忙しいものです。折り返し電話しなければならない取引先が何件もあるし、溜まっているメールに目を通して処理しなければいけないし、午後からは取引先とのアポが数件入っているし、おまけに出張レポートを報告書の形でまとめなければならず、経費を精算するよう経理部から催促されます。

さらに、そういうときに限って余計な仕事を振られたりします。いきなり近寄ってきた上司に販促キャンペーンの企画書をまとめておいてくれと言われたり、新規プロジェクトで協力してくれそうな委託業者をリストアップしてくれと、別の部署からメールで依頼されたりするのです。しかもそれが、今日中か明日中になど、いわゆる〝無茶ぶり〟の期日指定だったりします。

明らかな無茶ぶりであれば、普通は無理だと断るほうが一般的だと思います。しかしそんなときでも、私の場合は極力仕事を断りませんでした。もちろん、どう考えても物理的に不可能な場合もあります。しかしそういうときでも、時間がないからできないと断るのではなく、今日中は難しいですが水曜日中であればなんとかできると答えたり、明日中という別の締め切りがあるので、今週中ではどうかと提案したりしていました。すぐにさじを投げるのではなく、なんとかできる方向はないかとあれこれもがいて、考えてみることが大切です。そうした粘り強い努力と、問題解決のための創意工夫が、当人のビジネス・パフォーマンスを高めてくれるのだと思います。

通常業務以外にイレギュラーの仕事を引き受けることは、正直いって、肉体的にも精神的にもつらいです。しかし、そのつらさを乗り越えたとき、当人の能力は昨日よりも確実に高まっているはずです。

たとえ無理だと思っても、頼まれた仕事はすぐには断らず、できる方法を考える――。私自身で決めたこの仕事上のルールを、今でも可能な限り守るようにしています。

## 複数の作業を同時並行で進める

仕事に関して自分に負荷を掛けるもう一つの方法は、2つ以上の作業を同時並行で進めることです。

私がこうした仕事の進め方の重要性に気づいたのは、大手ゼネコンのサラリーマンとしてアメリカに駐在していたときでした。アメリカには通算11年間駐在しましたが、最初に着任したロサンゼルスの事務所での経験が大きかったのです。1990年代当時、アメリカでも今日のようにはインターネットが普及していなかったので、顧客や取引先との通信手段は主に電話とファクシミリでした。当時、私の直下には十数人のチームメンバーがおり、ほとんど現地スタッフで、もちろん話すのは英語です。

オフィスにいると、部下たちの電話で話す声がひっきりなしに聞こえてきました。商談がこじれた場合や、なんらかの決裁が必要な場合は私のところへも電話が回ってきます。

やがて私は、部下たちの電話での会話に耳を傾けるようになりました。何か問題が発生してからいきなり電話を引き継ぐことになると、対応がどうしても後手後手に回ってしまいます。そこで、トラブルやクレーム処理の電話が回ってくる前に状況をある程度把握しておけるよう、部下たちが今どういう内容の話をしているのか、自然と聞き耳を立てるようになったのです。

最初は誰が何を話しているのか、母国語でないこともあって、まったく分かりませんでした。ところが何週間か経つうちに、5~6人が同時に相手先と話していても、（取引先と料金交渉をしているんだな）とか（顧客に営業をかけているな）など、それぞれの内容がなんとなく聞き取れるようになりました。

子どもの頃、社会科の授業で「聖徳太子は一度に10人の話を聞き分けることができました」と習いましたが、私の感覚からすれば、それもあながち不可能ではないように思えます。私でも5～6人ならなんとか聞き分けることができました。何事も訓練しさえすれば、いくつかの情報を同時並行で処理できるようになるのだと思います。

その分かりやすい例が人気繁盛店の料理人です。繁盛している飲食店では、客から一度に大量のオーダーが入ります。料理人がそれらのオーダーを手早く的確に処理できなければ、客を待たせることになって店の評判が落ちるし、単位時間当たりの売上も伸びません。人気店がいつまでも人気店たり得るのは、料理がおいしいだけではなく、料理人の仕事の速さも大きく影響しているのです。

繁盛店の料理人はなぜ仕事が速いのか。それはいくつもの作業を同時並行で進められるからです。例えば、Aの料理を鍋にかけながら、B、Cの食材を包丁で刻み、一瞬手を止めてオーブンに入れたDの焼き目を確認し、さらにEの入った皿を冷蔵庫から出してきて、切り刻んだBと和え、沸騰したAの鍋に刻んだCを投入するというように複数の料理を短時間で同時に仕上げていくのです。それを可能にしているのが、料理人の優れた情報処理能力です。どの食材をどの順序で処理したら最も効率が良いのかという最適な段取りを頭のなかでプログラミングできているため、途中で立ち止まって考えることなく、まるで流れるように手際よく作業が進んでいきます。これぞ繁盛店のプロの料理人です。

## 仕事のデキる人は複数の作業を同時並行でこなしている

実際に行う作業はそれぞれの世界でまったく異なりますが、さまざまな業界に存在する、いわゆる仕事のデキる人は、この繁盛店のプロの料理人のように行動しているはずです。すなわち、複数の作業を人知れず同時並行で進めているから、短時間で多くの仕事量をこなし、短時間で成果を上げられるわけです。

料理人の仕事ぶりでいえば、Aの料理を鍋にかけよう→そうだ、Bの食材を切ろう→そうだ、Cの食材を切ろう→そうだ、Dの焼き目をチェックしよう→そうだ、Eの入った皿を冷蔵庫から出そう、というように作業を次々に思いついてこなしているのではありません。この料理人の頭のなかでは、おそらく次のような手順が同時並行で構成されているはずです。

**料理人の同時並行で進める思考**

Aの料理を鍋で調理する → Cの食材を入れさらに煮込む →
→ Bの食材を切り刻む → Eの料理と和える
→ Cの食材を切り刻む → Aの鍋に投入する
Dの料理をオーブンで調理する →
Eの料理を冷蔵庫で冷やしておく → Bを投入する →

つまり、実際にはA、D、Eという3つの料理を同時並行で調理していて、調理に必要な作業がピックアップされ、それらが最適なタイミングで実行されているのです。高度な情報処理能力と論理的な思考力、構成力がなければ、ここまで正確な段取りは実行できません。

あるいは、PCで同時に複数のアプリケーションを立ち上げているというイメージのほうが分かりやすいと思います。例えば、Word、Excel、インターネットブラウザ、メーラーを同時に立ち上げておいて、インターネットブラウザで大きめのファイルをダウンロードするのと同時に、Excelで作成されている資料を見ながらWordで書類を作成し、作成した文書をメールで仕事相手とやりとりする、というようなイメージです。こうした場合、実際の作業は一度に一つずつしかできませんが、4つのアプリケーションはシャットダウンすることなく同時に動いていて、それを画面の一番手前の階層に表示されるよう適宜切り替えながら作業を進めることになります。裏では4つのアプリがずっと動き続けていて、スイッチで切り替えるイメージです。

プロの料理人をはじめ、仕事のデキる人はこうした作業をPCではなく自分の頭のなかで行うわけです。当然、当人の脳には過大な負荷が掛かります。しかし、私の経験でいえば、こうした段取りや手際の良さは訓練を重ねることで次第にできるようになっていきます。逆にいうと、複数の作業を同時並行でやってみようとチャレンジしなければ、一生できるようにはなりません。

私がアメリカ駐在時代に複数のチームメンバーの話を聞き分けることができたのも、原理的には同じです。複数の話を同時並行で聞きながら、トラブルや大きな商談につながりそうなキーワードを耳にした瞬間スイッチを切り替え、その部下の話にスポットを当てて細部まで丹念に聞き取るのです。

あのとき、同時並行で聞き取る訓練をしたおかげで、私の脳の情報処理能力も格段に向上したという実感があります。要は訓練次第です。自分に負荷を掛ける仕事は正直なところ大変ですが、その結果自分の成長を実感できたときの喜びは何物にも代え難いものです。

## 経験値を大きく上げるには外部要因も必要

生涯現役の男になるためには、自分に負荷を掛けることと並んで、自分の経験値を上げることも重要です。自分にしかできない仕事、なにかしら独創的な商品やクリエイティブなサービスを創り出そうとするときには、自分の過去の記憶や経験値が必要です。まったくのゼロからは何も生み出せません。過去に培った経験、過去の経験から得た知識、そしてそれを実現するための技能がうまく嚙み合ったとき、これまでなかった商品やサービスのアイディアが生まれ、それが武器になっていきます。

ただし、経験値は単に何かの仕事をしただけではなかなか積み上がりません。自分の好きな仕事だけやっていては、経験値はたいして上がらず、経験値を大きく上げるためには、なんらかの外力が必要になります。

そういう意味で、私は恵まれていました。16年間に及ぶサラリーマン時代、辞令一つで強制的に人生を3度も変えられたからです。

最初は入社1カ月後、都内での研修を終えていきなり九州の福岡支店に異動になりました。そのため、当時交際していた女性との関係は終わりました。

2度目は入社2年目、中国・天津への海外赴任を命じられたことです。必ずしも友好的ではない中国人労働者たちに囲まれるという完全アウェイの環境のもと、1年9カ月間掛けてホテル建設のプロジェクトを完成させました。

3度目は入社7年目、北米支店への転勤を命じられたことです。アメリカ駐在は11年に及び、その間湾岸戦争、ロス暴動、ノースリッジ大地震などのショッキングな出来事を経験しました。

ある日突然、社命一つで自分の暮らす環境が一変するのですから、私の人生にとってはまさに一大事です。また、自分の望んでいなかった環境で一人暮らしを始めることは相当のストレスでもありました。人間も含め、動物は本来、生活環境が変わるのを極度に嫌がるものです。ナイーブな動物のなかには、環境が変わっただけで死んでしまうものさえいます。

ともあれ、生活環境が一変することで、私がそれまでもっていた価値観やプライオリティーは根底から揺さぶられました。自分の人生はこれでいいのかと、何度も繰り返し自問することになります。そして、この3度の大きな経験は、自分がそれまでもっていなかった新たな視点を私にもたらしました。同じ事象でも、視点をほんの少し変えるだけで、まるで違って見えることがあります。私はこの3度の経験を通して、経験値を大きく稼ぐことができました。人生はそれなりに長いですが、ここまでプライオリティーを激変させられる機会はそう何度もあるものではありません。

自分の経験値を大きく上げるために、現在とはまったく違った住環境への転勤を会社に願い出ることがとても有効です。「かわいい子には旅をさせよ」ということわざは、確かに一面の真理を含んでいます。また、家庭の事情から簡単には転勤できない人もいると思うので、自分自身の社内環境を変えるべく、日常の業務とは別に新規事業や新規プロジェクトの提案書を書いてみることも大切です。その提案書が社内で一定の評価を受け、その提案に関する会議や稟議が行われるようになれば、提案者はその場に呼ばれ、提案者の働く環境は確実に変わっていき、やがて人生に一つのエポックを刻む経験になるはずです。

# 仕事中メモは取らない

私が普段から大切にしているビジネス信条の一つに、メモを取らないことがあります。打ち合わせや会議、商談など、ビジネス上のあらゆる場面において、私はいっさいメモを取りません。メモを取るとき、紙面に文字を書く動作に脳のCPUの数%を使ってしまうし、自分の目線がメモ用紙に落ちてしまうからです。その分、相手の話の内容を理解し、相手の表情やその場の空気を読む能力が確実に減殺されます。私が誰かと会話するときは、その場で感じ取れるすべてを体験したいのです。相手が話す内容を、相手が話すときの身振り手振りや声の抑揚を、それを聞いている周囲の人たちの反応を、私の発言を聞いたときの相手や周囲の人たちの反応を、その場の雰囲気や温度感を、すべてダイレクトにこの

身で受け止めたいのです。

メモに書くべき内容はその場で記憶します。もちろん、一言一句すべてを記憶するわけではありませんが、要旨については記憶しています。特に食材の品種名や生産者の名前など、あとでインターネット検索するときに必要な情報はすべて丸暗記します。

また、私は子どもの頃から自分の見た光景をまるで写真に撮るかのように一つのビジュアルとして記憶できます。だから、打ち合わせの場面に誰と誰がいて、それぞれがどの位置に座っていたか、どんな食材や資料を手に持っていたかなど、明確に思い出せます。そうしたビジュアル情報も自分のなかにストックできるので、メモを取らなくてもまったく支障はありません。

そんな私の仕事ぶりを見て、私の会社の社員たちは一様に驚いています。なかには、あまりに細かいことまで覚えているので、「怖い」という社員もいます。「どうすればそんなに正確に覚えられるのですか」と聞いてくる社員もいます。

私にいわせれば、記憶は習慣です。日頃から、なんでも記憶する習慣を身につけていると、自然と記憶できるようになります。

私は1962年生まれで、学習指導要領でいえば学習量が歴代最多だった世代です。小学校から高校まで、いわゆる〝詰め込み教育〟が徹底的に行われた時代であり、学生生活を送った人々は、英語、数学、漢字、古語、漢詩、日本史・世界史、地理、化学、物理、生物、地学と、ほとんどすべて丸暗記させられました。だから、この世代の人たちは、相対的に見て最も知識量が豊富だという印象を抱いています。

知識が豊富なだけではありません。いわば、暗記や記憶することが習い性になっているので、学校を卒業して社会人になっても仕事やプライベートなどさまざまな場面で、記憶することが得意です。人の記憶力は、記憶すればするほど、日々鍛えられていきます。

## 記憶した知識がなければアイディアは生まれない

自分の学生時代を振り返ってみても、詰め込み教育に問題があったとは、私にはどうしても思えません。むしろ、私たちよりあとの時代に行われた教育は、〝詰め込み〟を軽視

し過ぎではないかと感じます。また、教育のＩＣＴ化が急速に進んだ２０１０年代以降、「知識はネット検索でいつでも入手できるのだから、知識を記憶することは時間の無駄」みたいな論調で、「知識偏重」を非難する声がよく聞かれます。「偏重」は確かに問題ですが、知識を「重視」することは間違っていないと考えています。

脳に記憶される知識は、なにもテストやクイズに答えるためだけのものではありません。蓄積されている知識が多ければ多いほど、ビジネスシーンにおいても、日常の場面においても、豊かで実りある生産的な会話ができ、コミュニケーションも円滑になります。

例えば、ビジネスの打ち合わせや会議の場面で使われている用語についての知識をまったくもっていない人は、いくらスマートフォンやタブレット端末などで検索して調べたとしても、会話や議論は次々に流れていくので、話についていけず、打ち合わせや会議の時間を無駄に過ごすことになります。それが社内の会議であれば、問題はそれほど発生しません。しかし、顧客や取引先との打ち合わせや会議の席で、先方が「知っていて当然」と思っている業務に関連した知識をもっていなかった場合、「不勉強」「教養がない」「業務に関して不まじめで不誠実」と評価される恐れがあります。逆に、先方が知っている以上に深く高度で広範囲な知識をもっていると分かったら、評価は一気に高まります。

また、脳に知識が記憶されているからこそ、その知識を自分のものとして活用することができます。

新たな商品やサービスを生み出す独創的でクリエイティブなアイディアは、脳に記憶されている知識と知識の結びつきから生まれます。脳内にさまざまな知識が押し合いへし合いしているからこそ、普通は交じり合わないような知識と知識が結合してシナジー効果が生まれ、その化学変化により新たな価値が創造できたりするわけです。逆に、脳にあらかじめ種々の知識が蓄えられていなければ、アイディアはなかなか生まれ得ません。ごく簡単な例でいえば、もし古代ギリシアの神話をつくった人が、人の身体と馬の身体についての知識がなければ、「ケンタウルス」という種族を想像することはできませんでした。

もし、記憶する習慣をこれから身につけたいというのであれば、大部の長編小説が良いと思います。なかでも、司馬遼太郎『坂の上の雲』（文春文庫・全8巻）と、吉川英治『三国志』（新潮文庫・全10巻）もしくは北方謙三『三国志』（ハルキ文庫・全13巻）は、どちらも3000ページを超える大長編であり、登場人物も多く、高い志と宗教、文化と文化の衝突、理不尽な出来事など、私たちの人生そのものが描かれている極めて面白い作品です。これだけ長い小説を読破するには、それまで読んできた内容を記憶しつつ、最後まで粘り強く読み進めなければなりません。物語を楽しみながら読了したとき、記憶する習慣が読者にもそれなりに定着しているはずです。

## メモを取らないことと記憶が役に立った実例

先日、ある地方のおいしい農産物を私たちの会社で扱わせてもらおうと、生産者の畑と自宅を訪問しました。その日は1日に何軒もの農家を訪問する予定のため、滞在時間は1カ所30分程度しか取れません。私としては、その農家の人とぜひ一緒にビジネスがしたかったので、30分という時間の制約があるなか、できるだけ良好なリレーションを構築したいと考えていました。

畑をざっと見学して、隣接する自宅に向かう途中、人工の池がありました。見ると、見事なニシキゴイが数匹、悠然と泳いでいます。この人は趣味でニシキゴイを飼っているのだなと気づいた私は、このネタは使えると頭に入れておきました。その後、自宅の応接間で対面していろいろ話を聞いたのですが、先方は私たちとのビジネスにあまり気乗りしていない様子でした。そこで、会話の切れ目を狙って、こう切り出しました。

「先ほど池を拝見したら、見事なニシキゴイが泳いでいましたね。100万円以上しそうなコイを何匹かお見かけしました」

するとその人は「ええ、分かります?」と表情を少しだけ和らげました。そこですかさず、「やはり、山古志のニシキゴイは違いますよねえ」と言葉を継ぐと、「いやあ、産地までご存じとは、驚きました」と満面の笑みで返してくれました。

このとき交わした会話には、2つのポイントがあります。一つは、高価なニシキゴイは1匹100万円以上するのが当たり前だということと、ニシキゴイの主要な産地は新潟県山古志村(現・長岡市)だと記憶していたことです。そしてもう一つが、打ち合わせ中はメモを取らず、先方の表情をずっと注視していたことが挙げられます。だからこそ表情が和らいだことに気づき、「山古志」のフレーズを出すタイミングが分かりました。

おかげで、もうじきこの農家との新たなビジネスが成立しそうです。私が、もはや雑学といってもいいさまざまな知識を記憶しており、かつメモを取らずに対面していたからこそ、短い時間のなかで私という人間を先方に強く印象づけ、同時に好感をも得ることができたのだと思います。

## 地方出張の帰路でお礼のメールを打つ

また、私は日頃からスマートフォンとタブレット端末をほとんど使いません。スマートフォンは主に通話に使うのみです。そんな私のスマートフォンとタブレットがビジネスシーンで唯一、活躍する場面があります。それは、地方出張の帰りに、その日仕事で会った人にお礼のメールを打つ場面です。早いときには、視察や打ち合わせのメンバーと現地解散して1時間後くらいに、帰りの新幹線の中からメールすることもあります。地方出張では数多くの人と会うので、時間的に、一人ひとりと十二分なコミュニケーションは取れません。そこで、「私のことを覚えておいてほしい」「今後のビジネスで良好な関係を保ち

たい」という思いを込めて、対面したときの熱量が失われないうちに速攻でメールを送ります。凝った内容である必要はなく、スピードが命です。時間をつくってくれたことに謝意を示し、「お土産にいちばん高い●●を買いました」など、その地方の特産品や名産品をさりげなく褒めるようにします。

ここで、誰宛にメールを送信するかがポイントです。1回の出張で会う人の数は、多いときで30人ほどです。パターンとしていちばん多いのは、その地方自治体の農林水産関連や産業振興関連の職員数人がコーディネーター役を務めてくれて、農業・漁業・畜産業などの生産者十数名と会う形です。時に県知事や市長と会うこともあれば、県や市の本部長クラスの人と会うこともあります。

その日会った人全員にCCで送る手もありますが、それではこちらが八方美人過ぎて、私という存在が希釈されてしまいます。ここはやはり、「最大の価値を生むには、誰と緊密にコミュニケーションを取るべきか」を慎重に見極めなければなりません。

知事や市長にメールを送っても、読んでもらえない可能性が高いです。ビジネスとして成立した場合、その自治体に多くのメリットをもたらすビッグプロジェクトの場合は、本部長クラスの人がキーマンになる可能性もあります。最も確度が高いのは、産業振興課や農業振興課の課長クラスだと思います。生産者には直接メールするほうが話が早い場合もあります。

誰をいちばんの味方につけるべきかに迷った場合、何人かを選んでお礼メールを打ち、返ってきたレスから判断するケースもあります。

例えば、「本日は遠いところをはるばるお越しいただき、誠にありがとうございました」のように、型どおりの文面だけで返ってきた場合、今後関係が大きく発展する可能性は薄いように思います。

一方、「お会いして、たくさんの熱量をいただきありがとうございました！　よしやるぞ！と今、力こぶをつくっています」のように、自らの言葉に熱量があり、かつ自分の言葉で主観的に書いてくれる人は、大いに見込みありと断言できます。このタイプの人は、誰かが動いてくれるのを待つのではなく、自分から主体的に動く自走型の人です。自分自身にエンジンを積んでいるため、このタイプの人と組むと、仕事がみるみる進んでいきます。

# スマートフォンではネットを見ない
## ～生涯現役のためのビジネスHacks①

生涯現役で働き続けようと考えている中高年にとって、まず初めに必要なビジネスノウハウは、スマートフォンでインターネットを見ないことです。私は日々の仕事において、スマートフォンはほぼ通話とメールチェックにしか使っていません。ほぼ100％の若者がスマートフォンでインターネットサイトを閲覧していますが、多くの中高年にとって、スマートフォンの画面は小さ過ぎます。なぜなら、それぞれのスマートフォンの標準的な文字サイズが小さ過ぎるためです。中高年の多くは老眼が進行していて、手元の細かい文字がすごく読みにくいため、「設定」＞「アクセシビリティ」＞「画面表示とテキストサイズ」で文字サイズを大きくして使うことが多いのですが、そうなると今度は画面に表示できる文字数が少なくなり過ぎて、インターネットサイトの文字を読むのに延々とスクロールし続けることになります。はっきりいって、これは非常に時間の無駄です。

そうでなくても、私たち中高年男子に残された時間は短いのです。厚生労働省の「簡易生命表（令和3年）」によれば、２０２１年の日本人の平均寿命は男性81・47歳、女性87・57歳とされています。平均余命は40歳男性で42・40年、50歳男性で32・93年、60歳男性で24・02年、70歳男性で15・96年。まあまあ、それなりに長生きはしそうですが、それにしてもスマートフォンの画面スクロールにいたずらに時間を浪費するのは避けたいところです。

私がＰＣでしかインターネットサイトを閲覧しないのは、2台の27インチの大画面で見たいからです。スマートフォンのように、ちまちまスクロールする必要がなく、必要な情報が一目で識別できるからです。

## ウェブブラウザを仕事用に最適化する
## ～生涯現役のためのビジネスHacks②

中高年がインターネットを閲覧する場合、できるだけ大きな画面のパソコンを使うほうが効率的です。ノート型よりデスクトップ型のほうが総じて画面は大きいので、デスクトップ型が適しています。画面が小さいと、老眼の人はどうしても二度見、三度見することになるので、時間のロスにつながります。また、デスクトップ型を使う場合でも、複数のパソコンを使い分けるのではなく、ネット閲覧用に1台を固定したほうがさらに仕事の効率はアップします。

私は現在のMacを使い始めて14年になりますが、私のMacでのネット環境は私の仕事に対して完璧に最適化されています。というのも、私は2台のMacに仕事に直結している「食」に関する特殊なキーワードを入れて、検索エンジンで検索しまくっているので、検索エンジン側のコンピューター・アルゴリズムが私というユーザーの趣味嗜好を把握し、私が興味をもちそうな情報ばかり集めてきてくれるからです。そのおかげで、「■■県▲▲町が新種のモモの育成に成功した」とか、「××県○○港でスケソウダラの水揚げが始まった」など、一般のニュースでは取り上げられないようなローカルでコアな情報が、自然と私のMａｃに集まってくるようになりました。その結果、私はたいした苦労をすることなく、ウチの社員の誰よりも早く「食」に関する最新情報をゲットできています。

予想外だったのが、私がCEOを務める会社の広告が私のMａｃに頻繁に表示されることです。確かに、私の会社の主な顧客層は「男性」「50～70代」「東京都心部在住」という属性の人が多いですから、その属性に合致している私も広告の訴求対象に選ばれているのだと思います。広告が表示された際は、一ユーザーとして改善点がないかチェックしています。

# 焦点距離に応じて眼鏡は複数個用意せよ
## ～生涯現役のためのビジネスHacks③

中高年になると、どうしても視力が弱点になってきます。私の場合、もともと近視と乱視で、そこに老眼も加わったので、視力の矯正をこまめに行う必要が出てきました。

自動車を運転する際は、遠くのものがきちんと見えないと危険なので、近視・乱視用の眼鏡をかけます。自動車は運転せず、日常生活を普通に営んでいるときには、近視と老眼を矯正する遠近両用眼鏡をかけます。また、パソコンで作業する際は、ちょうど1メートルの距離でばっちりピントが合う、老眼用リーディング眼鏡をかけます。

見る対象に合わせて眼鏡を交換するのは一見面倒そうに思えますが、「見たいものが見えない」ストレスは相当なもので、そのイライラは生活や仕事の質を確実に低下させます。だから私は、状況に応じて3つの眼鏡を適宜かけ替えています。夕方文字が見えにくくなったり、手元の文字が見えにくくなったりした場合は眼科医で検査してもらい、目の焦点距離別に眼鏡を複数用意すべきです。それだけで仕事の効率は全然違ってきます。

余談ですが、私より7歳年下の妻も最近、老眼になりました。老眼鏡がなければ近くの文字が読みづらくなり、また書面に文字を書くときも老眼鏡が手放せません。ところが、彼女は若い頃から視力が良かったので、日常生活のなかで眼鏡をかけるという習慣がありません。そのため、新聞を読むときにかけた老眼鏡をどこかに置いてきてしまったり、文字を書くときに老眼鏡が見つからなくてあたふたしてしまったりするため、家の中のどこにいても老眼鏡がかけられるよう、寝室、キッチン、トイレなど複数の場所に「置き老眼鏡」をセットするようになりました。仕事とは直接関係ありませんが、これも一つの生活の知恵だと思います。

# もらった名刺と電子メールは定期的に捨てる
## ～生涯現役のためのビジネスHacks④

新型コロナ以降はオンラインの会議も増えましたが、地場の食品をネット販売する企業を営んでいる以上、今でも生産地に出向くことはけっこう多いです。対面で実際に会えば、やはり今でも名刺交換します。1回の地方出張で20～30人の人と会うなんてざらですから、私の手元には大量の名刺が集まることになります。

しかし私は、名刺の整理をしたことはありません。半年に一度、もらった名刺をすべて見返して、どんな人だったか思い出せない名刺はその場で廃棄します。

そもそも、一般企業のサラリーマンも役所の職員も、3年も経てば担当が変わります。県知事や市長にしても、次の選挙に落ちれば関係なくなるわけですから、その時点でビジネス関係が成立していない人の名刺は取っておいても意味がありません。

電子メールは、文面を読み、なんらかの処置が完了した時点でゴミ箱に入れて消去します。時にはフォルダーごと消去することもあります。ただし、労務関係で社員と何かやりとりをした場合、「あとあとのために、証拠として残しておいたほうがいい」と判断したメールは残しておきます。

たとえ生涯現役を目指していたとしても、中高年男子にとっての1分1秒はとても貴重な時間になります。私にとって、名刺の整理や電子メールの見直しに費やす時間は無駄に思えるので、捨てるときは容赦なく捨てます。それでももし、連絡を取る必要が生じたら、連絡する必要のあるほうが改めて連絡すればいいだけの話です。

その代わり、スマートフォンに登録されている友人知人は、私個人にとってかけがえのない人たちなので、そこから削除するということはほとんどありません。私は自分の名刺に携帯番号は入れていないし、社員にも不要な電話は私に回すなと言ってあるので、私と携帯番号を交換し合った人は、私の人生にとってとても大切な人たちなのです。

第5章

# 稼いだお金はすべて自己投資に回せ！

生涯現役の男になるために〈カネ編〉

Chapter 5

## 「老後2000万円問題」とは無縁に生きていく

「生涯現役の男」を言い換えれば、定年とは関係なく、70歳、80歳になっても生涯現役として死ぬまでお金を稼ぎ続ける男ということになります。日本社会ではこれまで、65歳定年＝65歳になったら現役を引退して老後の人生を送るという生き方が標準だったので、その枠から外れることになる生涯現役の男は、これまでにない金銭感覚が必要になってきます。

生涯現役の男が、これまでの「社会一般の男」と決定的に違う点は、老後という時間を経験しないことです。生涯現役であり続けることを選択した時点で、老後＝現金収入なし＝預貯金や年金に依存した生活を自分の人生としては想定していません。

分かりやすい例でいえば、2019年に金融庁が公表して話題になった老後2000万円問題から、生涯現役の男は完全に解き放たれるということです。給与あるいは報酬として、死ぬ直前まで日銭を稼ぎ続けることを前提に生きているので、老後資金を貯めておく必要はありません。事実、私は貯金らしい貯金はほとんどしていないし、自分の会社の株をもっている以外、財テクはいっさい行っていません。もっとはっきりいってしまうと、私は自分自身が死ぬなんて、これっぽっちも思っていないのです。

## 将来のために貯めるのではなく、将来のために使う

50歳で生涯現役の男を目指し始めてから、私自身、お金の使い方が変わりました。将来のために貯めるのではなく、将来のために使おうと考えたのです。将来のために使うお金とは、すなわち投資です。

私が、私の会社の若手社員によく言うのは、「毎月こつこつとお金を貯めても、あまり意味がないんじゃないか」ということです。若手で、まだそれほど給料をもらっているわ

けではありませんから、毎月頑張って節約して貯金したとしても、せいぜい2万円から3万円くらいです。仮に月3万円としても、1年間で36万円、10年間貯めても360万円にしかなりません。

だとすれば、月3万円貯める代わりに、月3万円を自分のために投資したほうがいいと思います。英会話を学ぶのでもいいし、プログラミングを学ぶのでもいい。何かの資格の勉強を始めるのもいい。なにかしら自分にプラスになることなら、なんでもいいのです。毎月資格を取ったり技能を身につけたりすれば、将来的にもっと稼げる自分になれます。毎月3万円を節約して10年後に360万円の資産をもつより、毎月3万円を自己投資して、10年後に年収2000万円稼げる自分になっていれば、その後の人生は大きく変わります。

生涯現役の男のお金に対する考え方も同じです。現代社会で人間が生きていく以上、どうしてもお金が掛かります。しかし、たとえそうだとしても、せっかくお金を使うのですから、〝死に金〟は使いたくない。単なる消費で終わってしまうのではなく、できれば将来に向けての自己投資に使いたいと考えています。

お金は、時間を買うものでもあります。例えば、1億円というお金は、年収1000万円の人の10年分の価値があります。1億円あれば、その人は10年間何もしなくてもいいわけです。

お金＝時間と考えれば、お金は使わなければ意味がありません。お金を残して死んだら、使える時間を残して死んだことになります。だからといって、無駄遣いしてもいいわけではありません。無駄遣いは時間の浪費でもあり、だからこそお金を使って良い時間、実りのある有意義な時間を買うことが大切なのです。

## 飲食店は〝常連になる価値のある店〟にしか行かない

私は基本的に、コンビニを利用しません。コンビニには買いたいものがないからです。
唯一の例外は地方に出張したときです。スタッフと自動車で移動中、公衆トイレがその周辺のどこにもないときは、コンビニでトイレ休憩を取るしかありません。とはいえ、トイレを借りるためだけに店に入るのは申し訳ないので、その際はペットボトルのお茶か水を

買うようにしています。

コンビニにふらっと入って買い物することがないように、お腹が空いたからといって、飲食店にふらっと入って食事をすることもありません。外食するときは事前にお店を決めているし、お店を訪れるときは、ほぼ予約に近い形で利用させてもらっています。

私が行き当たりばったりに飲食店を選ばないのは、飲食費を無駄遣いしたくないからです。それなりの飲食費を支払うのであれば、その店に通い、その店の常連になることに意味があるようなすてきな店を選ぼうと心掛けています。例えば、良質の食材を使い、とびきりおいしい料理を提供してくれて、客側のリクエストにもまじめに応えてくれるような店です。そんな店であれば、自分にとって大切な人や友人知人も安心して連れていけます。だから、そんな店で飲食することは、すてきな店と末永く付き合うための投資にもなるのです。

39歳からずっと「食」に関する仕事をしているので、かつてはそんなすてきな店をたくさん知っていました。しかし、10年前に長男が生まれてからは、以前のように外食しなくなりました。今、わが家の食事は朝・昼・夕とも、料理が趣味の私がしています。長男はなぜか外食したがらず、私の手料理をいつもリクエストしてきます。そのため、現在私が

〝常連〟になっている店は、東京都内を中心に10店ほどです。いちおうバランスを考え、和・洋・中などすべてのジャンルを網羅しています。

## 生涯現役だからこそ食べることにベストを尽くす

昨年11月に、妻、長男と3人で島根県に旅行に行ってきました。旅行なので、食事は当然外食になります。

こうした場合でも、私は食事にこだわります。1日目の夕食は、宿泊するホテルで摂ることになっていたので、こちらが希望する夕食を出してもらうことにしました。ご参考までに、私がどのようにオーダーしたかを記しておきます。

宿泊客がなにもオーダーしなければ、そのホテルでの夕食には和食のコースが提供されます。しかし私は、この和食のコースが苦手です。料理はすべて料理長のお任せで、見た目と品数重視で、食べたくない料理が数多く供されるからです。

そこで私は、宿泊する1週間前にホテルに電話を入れ、「しまね和牛肉」のランボソと、「山王軍鶏《やまおうしゃも》」を仕入れられるかどうか、調理場に確認してもらいました。

しまね和牛肉は2022年開催の「全国和牛能力共進会」で農林水産大臣賞を受賞した、島根県を代表するブランド牛です。ランボソとは、サーロインの後ろ側のランプ（腰から腿にかけて）という部位の中心にある、1頭から1kgほどしか取れない稀少部位になります。ランプはあっさりした脂と濃厚な赤身が楽しめる人気の部位ですが、その芯の部分にあるランボソは特に柔らかく、赤身の旨みが凝縮されているのです。また、山王軍鶏は、愛知県岡崎市のブランド鶏で数々の賞を獲得している「岡崎おうはん」と、家畜改良センター兵庫牧場が開発した大軍鶏の血筋を引くブランド鶏「龍軍鶏ごろう」の交配種で、奥出雲で育成されている近年人気のブランド鶏です。

問い合わせの結果、ホテル側でどちらも仕入れ可能と分かったので、しまね和牛肉のランボソは200gのステーキ2枚、塩少なめの塩コショウでミディアムレアに焼いてもらい、山王軍鶏は焼き鳥の塩で出してもらいしました。

水産物では、1尾2万円の宍道湖の天然うなぎを薦められましたが、蒲焼きは焼き加減が私の好みに合うかどうか分からないのでパスして、代わりにその日揚がった地物の刺身盛り合わせを付けてもらいました。どれもホテルのメニューにないものなので、数万円の追加料金が発生しました。それでも数万円で済む話だし、久しぶりの家族旅行で、みんなが本当に食べたいものを食べられたのですから安いものです。

このように、食べることにベストを尽くすことを私はモットーにしています。老後のために好物を我慢して節約しよう、なんて考えは微塵もありません。生涯現役だからこそ、死ぬまでおいしい食べ物を追求したいのです。それが、おいしいものを食べて〝自分の舌を磨く〟という、自分への投資にもなっています。また、自分の身体は自分が食べるもので作られるので、生涯現役を貫くためにも、食は極めて重要です。

普段の食材の買い出しも、決して流れ作業では行わないし、材料費を節約しようという考えもありません。もちろん、相場に比べて理不尽に高いものは買いませんが、「値段が高い」というそれだけの理由で買い控えることはありません。

例えば、ある日の買い出しでは、脂がまあまあ乗っている千葉県で水揚げされたバチマグロと、ボストン産の天然本マグロ赤身、それに山口県産のイシダイを買いました。購入しながら、何を作ろうかと考えを巡らせます。ちょうどそのときは、自宅に丹波篠山から取り寄せた松茸があったので、それとイシダイの切り身を合わせて土瓶蒸しにしようと決め、千葉県産バチマグロの中トロとボストン産本マグロの赤身はどちらも物が良く、翌日は寿司でも握ろうかと思案するのです。

ちなみに、自宅には大型の冷蔵庫と冷凍庫が合計4台あって、それぞれにさまざまな食材が入っているので、現時点で何が入っているか常に把握しておかないと、買い出しのとき二重に買ってしまう恐れがあります。私はいっさいメモを取らない主義なので、冷蔵庫と冷凍庫の中身が今どうなっているかを記憶しておくこと、それも常に最新の状態にアップデートしておくことが、私の日々の脳トレにもなっています。

## 生命保険は死亡保障より医療保険を重視

生涯現役の男を目指している私自身、いつまでも現役で稼ぎ続けるつもりなので、「お

金を貯めなきゃ!」という発想はなく、貯金も財テクもしていません。金融資産は自社株を所有しているだけです。会社の業績が上がれば株価もアップするので、自社株をもっている意味はあると思います。それと、確定拠出年金に入っています。

生命保険にも入っていますが、死亡保障は妻を受取人にした500万円だけです。その代わり、先進医療を何度でも無制限に受けられる手厚い医療保険に入っています。実は5年前まで、死亡保障5000万円の生命保険に入っていました。しかし、55歳で保険の更新時期が来たとき、いろいろ考えて今の保障へと切り替えました。

5年前までの、私が死んだら妻が5000万円を受け取るという保険は考えてみれば私らしくなかったと感じています。「生涯現役の男」を標榜しているのであれば、自分が妻より先に死ぬなんて、これっぽっちも考えないんじゃないかと思ったからです。

個人的な話をすると、13年前に妻と結婚するとき、「私はあなたより先には絶対に死なない」と約束しました。妻は私より7歳年下なので、私に先に逝かれるかもしれないと思うと、ずっと不安だったそうです。そこで、彼女を安心させるために約束したのですが、10年前から肉体改造に取り組み、人間ドックのすべての数値が大きく改善してみると、自分が妻より先に死なないことを確信するようになりました。だからこそ、自分が死んだときの保険（＝死亡保険）より、自分が死なないための保険（＝医療保険）を重視することにしたのです。妻は、私の肉体改造や人間ドックの数値改善を近くからずっと見ているので、「この人は本当に私より長生きするだろう」と思っている様子です。

とはいえ、私のような生命保険の入り方は、あまり一般的ではありません。私が保険を今の形に切り替えたとき、長男はまだ5歳でした。子どもがまだ小さいうちは、少なくとも子どもが成人するまで、一家の大黒柱の死亡保障は多めに掛けるのが普通です。一般的に、子どもがまだ小さいなら、3000万円くらいの死亡保障を付けるのが妥当です。3000万円であれば、ある程度若いうちであれば保険料もそれほど高くないと思います。

## 財布にはいつも3万円くらい、お小遣いは月30万円あれば

今、私の財布にいくら入っているかというと、3万円と小銭が少しでした。だいたいい

つも、これくらいの金額です。クレジットカードは高額な買い物のときしか使わないし、もっている電子マネーはＰＡＳＭＯだけです。これで、特に不便を感じることはありません。

私がお金を使うのは買いだしに行くときくらいで、家族の１〜２日分の食料を購入します。具体的には、私と妻のその日の昼食分、家族３人のその日の夕食分、妻と長男の翌日の朝食分、長男の翌日の弁当分です。基本は自分が食べたいものを買うので価格はあまり気にしません。ただし、豊洲市場のおおよその卸値は知っているので、それに比べて理不尽に高いものは「なんでこんなに高いの？」とぶつくさ言いながら、結局買いません。けっこう高級な食材も買いますが、それでもトータル２万円を超えることはめったにありません。

カード派か現金派かと聞かれたら、即座に現金派と答えます。クレジットカードやプリペイドカードは確かに便利だとは思いますが、お金を使っている実感がないのは少し怖い気がします。買い物するからには、その場できちんと現金を払った感覚があったほうがいいだろうし、それに現金払いのほうがお金の有難味を感じやすいと思います。

私が現金払いにこだわるのは、それが脳の訓練にもつながるからです。売場で選んだ食材を買い物カゴに入れるときも、これまでに合計いくらになったか暗算しているし、1万円札で払ってお釣りがいくら戻ってきたら間違いがないか計算し直しています。小銭だらけのお釣りは受け取りたくないので、お釣りがキリのいい数字になるよう、最初に渡す金額を工夫します。日頃からカード払いばかりしている人だと、その辺の計算をいっさいしなくなるので、脳の老化が速まらないのか逆に心配になるくらいです。

お小遣いの金額は自由に使えるお金が1日1万円、1カ月で30万円くらいあれば必要十分だと思います。基本はケチなので、普段はあまりお金を使いません。

ただし、自己投資は別です。料理は私の趣味であり、仕事であり、ライフワークでもあるので、道具には強いこだわりがあります。最近購入した高めのものは、ご飯も炊けるカーボングラファイト製のお釜が41万8000円でした。そのほかは直火で焼けるバーベキューグリルが16万5000円、好きな映画ソフトを見るための77型有機ELテレビがおまけしてもらって250万円、そのあとに出た84型有機ELテレビは120万円で購入しました。

普段、余計なお金は使わず、自己投資したいときは思い切って使う――。これが生涯現役の男のお金の使い方なのです。

第6章

# 20歳年下の女性に好かれる男になれ!

生涯現役の男になるために〈恋愛編〉

Chapter 6

# 女性に「嫌われない」だけでなく「好かれる」ために

この章における「恋愛」とは、女性を口説いて性的な関係になるためのテクニックではありません。私は男女の友情を〝信じない派〟ですが、かといって男子中学生みたいに「男女関係＝セックス」とも考えていません。人間、これだけ齢を重ねてくると、男と女の間には恋愛とも友情とも判別不能な、もう少し微妙で複雑な感情があることを理解しています。

「女性に好かれたいか、嫌われたいか」と聞かれれば、間髪を入れず「好かれたい」と答えます。それも、「いい人」「優しいおじさん」と言われるのではなく、男女の方向にもう少しだけ踏み込んだ、互いに一人の男性、女性として、ワクワク、ドキドキを共有できる関係を築きたいと考えています。そんな関係は、私たちの日常に彩りを添え、人生に豊かさと喜びを与えてくれます。

男性であれば、単に女性に「嫌われない」だけでなく、女性に「好かれる」ことを目指すべきです。さらに生涯現役の男としては、自分をいつまでも若々しく保つことで、自分より20歳年下の女性からも好かれることを目指します。そうやって身近にいる女性との関係性が良くなれば、プライベートが充実するだけではなく、仕事の面でも大いにメリットがあります。ここでいいたいのは、「もっと恋愛しよう」ではなく、「恋愛の感覚を大切にしよう」ということです。もちろん、女性との関係性をもっともっと先まで進めたいという人がいても、それはそれで構いません。

## 強いオスには若々しく元気な肉体と人並み以上の経済力がある

ビジネスシーンで男性と女性がコミュニケーションを取るとき、ことさら中性的に振る舞う人たちがいます。社会人として、正しい選択です。しかし生涯現役の男としては、そ

れでは少し物足りません。その場にせっかく男性と女性がいるなら、少しだけ艶っぽい雰囲気があってもいいと思います。男性は、女性らしさを身近に感じることで、男性機能が活性化し、身体がより元気に頑健になります。

男性として、女性と良好な関係を築きたいのであれば、相手にまず自分を「男性」として意識させ、男性として魅力的だと感じてもらわなければなりません。

本来、動物のメスは自分と同種の強いオスに惹かれます。強いオスに魅力を感じるのです。人間もまた、例外ではありません。それが弱肉強食の自然界を生き抜いてきた、ヒトのメスとしての本能的な選択です。メスの最終目的は、オスと交尾して強く元気な子孫を残すことですから、交尾するオスが強くなければ困ります。その強さとは、総じていえば身体の強さと戦闘力の高さです。

現代社会における身体の強さとは、身体自体が強く、健康かつ頑健で、生命力そのものが強いことです。メスはそれを、外見と動作から見分けます。

外見では、体長、体形、姿勢、頭と胴と手足のバランス、頭髪、顔の形状、顔色、肌の状態などを見て、まず健康体かどうかをチェックします。異常に太り過ぎていたり、痩せ過ぎていたり、姿勢が不自然に悪かったり、顔色が明らかに悪かったり、肌の状態が悪かったりすると、すでに老化が始まっていたり、なにかしらの疾病が隠れている恐れがあるため、マイナスです。一方、適切な筋肉量はプラスに働きます。

動作については、関節に不具合があるなど不自然な動きをしていないか、キビキビと若々しく俊敏に動けているかがチェックされます。動きが俊敏でも、不必要に力の入った乱暴な動きは、メスの恐怖心を煽るのでかえってマイナスです。

戦闘力の高さは、現代社会では経済力に置き換えられます。そもそも動物の戦闘力は、動物を狩り食料を調達すること、自分の群れを守るため外敵を追い払うことに使われます。現代社会で、人間はそうした行為ができませんが、生命の糧を得るための最も大きな力といえば、経済力が当てはまると思います。オスに人並み以上の経済力があればメスは日々の食料に困らないし、雨風や外敵をしのぐ頑丈な住まいが得られるだけでなく、生活を維持するためのさまざまなものが調達できます。ヒトのメスは、そうしたオスの戦闘力を、オスが身にまとっている衣服やアクセサリー、所有する家や自動車、所属する企業などから見分けます。また、オスの親に経済力があれば、オスは高度な教育や洗練された趣味などを習得できます。親の経済力は、しばしば子の経済力に継承されます。メスはオスの教育レベルやセンスから、そうした強さをも見極めます。

これらの考察をまとめると、男性が女性から「魅力的な男性」と見られたいなら、健康で若々しい肉体を保つことが必要不可欠と断言できます。きびきびと動作し、服装のセンスなど身だしなみにも十分に留意することが大切です。

## 四六時中「誰かから見られている」という意識をもて

私は現在61歳ですが、10年前から始めた肉体改造の効果は絶大です。毎日5キロの高速歩きトレーニング、40秒間の逆立ちを含む体幹トレーニング、毎日実行する16時間断食ダイエット、重炭酸水20分入浴、根菜野菜スープから始める健全な食生活などが総合的に効いてきて、体重10kg減、ウエスト15cm減、BMI19・4を達成し、身体のサイズは20歳当時に復元することができました。今、強く若々しい肉体をふたたび手に入れることができ、私の実年齢を知らない人には10歳くらい若く見えるそうです。

そんな私から見てとても残念に思うのは、第一次・第二次オイルショック、バブル崩壊、阪神・淡路大震災、リーマン・ショック、東日本大震災……と、激動の時代をともにくぐり抜けてきた私と同年代の男性たちが、一様に老け込んでしまっていることです。時々元気でしゃきっとした同年代もいますが、駅や電車内で見掛ける同世代の多くは、目をしょぼつかせながらスマートフォン画面に見入っていたり、疲れ果てた顔で虚空を見つめていたりして、暗く重苦しい雰囲気を周囲にまき散らしています。服装はいわゆる〝ドブネズミルック〟で、よく見ると、鼻毛や耳毛が飛び出ていたりします。身だしなみに気を使わなくなると、どこまでも見苦しくなっていってしまいます。みんな老人に見えますが、実年齢はおそらく私とそんなに変わらないはず。彼らはなぜ、こんなにも見た目を気にしないのか首をかしげるほかありません。

おそらく、男としての矜恃も美学も、長いサラリーマン生活のどこかに置き忘れてきたのだと思います。ここ十数年くらい、会社にも自宅にも胸躍らせるような出来事はいっさい発生せず、あとは定年退職でお役御免になる日を淡々と待つばかりだと、外見に気を使う必要もないのが少しは納得できます。

同年代たちがあんなにもだらしなく見えるのは、「誰かから見られている」という意識と、それに伴う緊張感が完全に喪失してしまっているからです。若い頃は彼らもそれなりに周囲に気を配ったはずですが、結婚して子どもが生まれ、子どもが成人していくにつれて、気を配るべき対象はどこにもいなくなり、もはや自分自身に対してさえ無関心に見えます。

人はやはり、「誰かから見られている」という意識と緊張感を忘れてはいけません。

2022年9月、イギリスのエリザベス女王が96歳で亡くなりましたが、亡くなる2日前、トラス首相（当時）を任命したときの映像では矍鑠《かくしゃく》とされていました。老衰で亡くなる2日前のお姿とは、とても思えません。イギリス君主として70年間、国民の上に立ち続け、四六時中、気の休まる時はなかったと拝察します。常に人々の目を意識されていたからこそ、人生の最期まで凛として美しく、毅然とされていました。性別は異なりますが、私たち生涯現役を目指す男たちは範とすべきだと思います。

# 女性と食事に出掛けるだけで、生涯現役の男の男気がアップする

新型コロナのパンデミックが発生する２０２０年初頭まで、私が社長を務める会社では、社員の月間ＭＶＰを毎月２人選出し、表彰していました。会社の売上に大きく貢献したり、ヒット商品を開発したり、業務上有益な運用システムを考案するなど、その月わが社で最も活躍した社員に与えられる賞で、特典は私と３人で食事に行けることです。私は、ここぞ！というときに利用できる懇意な飲食店を10店ほどキープしていて、ＭＶＰとなった社員をそのうちの一つに連れていき、「今まで食べたことがない！」というほど最高においしい食事を心ゆくまで堪能してもらっていました。食事中は、普段会社では絶対話さないようなとっておきの面白い話を披露するし、お店の人たちからもＶＩＰとして最上級のもてなしを受けます。後日、ＭＶＰ受賞者にその日の感想を聞くと、ほぼすべての社員が一生忘れられない夕食になったと、感激した面持ちで答えてくれます。そんなコメントを聞

くと、あの店に招待して本当に良かったと、私までなぜか感激してしまいます。

私の会社には男性社員も女性社員もいるので、ＭＶＰは男性だったり女性だったりします。性別で差別はしていないつもりですが、やはり女性社員がＭＶＰに選ばれたときは、男性社員と食事に行くより１００倍楽しいです。もちろん、社長と社員ですから、あくまで一線を引くべき関係ですが、食事する当日、なんとなくワクワクしてしまう気持ちは抑えようがありません。ここだけの話なので社員に大きな声では言えません。

女性と待ち合わせて、自分のなじみの店に連れていき、一緒にご飯を食べるという一連の行動だけ見れば、一般的な男女のデートとなんら変わりありません。だから、結婚前の妻とのデートを思い出してしまうし、女性と恋愛しているときの、どこかふわふわとした温かく幸せな気分まで自分に舞い戻ってきた気がします。

強調しておきますが、一緒に食事した女性社員とはもちろん何もありません。しかし、だからといって、一緒に食事したときの楽しい気分まで否定するのは間違っていると思います。別に特筆すべき何事も起こらなくても、互いになんとなくワクワク感やドキドキ感を味わったのは事実だし、それ自体、道義的に許されないこととも思いません。日々忙しく仕事に追われる日常のなかで、誰にでもそれくらいの潤いはあっていいと考えています。

そして、生涯現役を目指す男の立場からすれば、こうした潤いこそが男としてのパワーをたぎらせる燃料になります。いつになく若い女性の肉体とその体温を身近に感じ、彼女の化粧品やフレグランスの香りを吸い込み、彼女が料理を咀嚼して飲みこむ口元と喉を見つめる。それだけで、男性ホルモン・テストステロンの分泌が促され、骨や筋肉の強度が維持され、性欲と性機能が維持され、造血作用が高まり、動脈硬化やメタボが起きにくくなり、脳の認知機能が強化されます。総じて、男としての寿命が延伸するのです。なお、テストステロンは人間の精神面にも作用します。テストステロンの分泌量が増えると、チャレンジ精神が高まって冒険や旅に出掛けたくなり、自分の縄張りを主張し、公平性・公正性を重視し、利他の精神が高まりボランティアや奉仕活動に積極的になる。一言でいえば、男気が前面に出てくるのです。

飲食代はもちろん、私のおごりです。領収書をもらって経費で落とす、なんてケチくさくてみっともないことは絶対にしてはいけません。現金でお支払いして、領収書はいらないと断ります。さりげなく、自分のポケットマネーで奢ったという事実が伝わるようにします。そこまでが、このイベントのプログラムなのです。

近年、飲食代金を女性と割り勘にする男性が増えているそうですが、生涯現役の男からすれば、そんなことはあり得ません。死ぬまで現役で稼ぎ続ける男は、死ぬまで女性をおごり続ける男でもありたいと思います。

たとえ恋愛関係に至る過程の、ものすごく手前の状態ではあっても、このように女性と良好な関係を築くことは、生涯現役の男の男気を触発し、現役期間を大きく延ばす効果があるのです。

## 本音で有効なアドバイスをすれば、女性の信頼を得られる

月間MVPの話には前段があります。

女性社員と楽しく食事をするためには、その社員から嫌われていないことが絶対条件です。なぜなら、人間は生理的に「嫌い」と思っている相手とは、一緒に食事しようと思わないからです。そこで少なくとも、私とその社員の間で、一定の信頼関係が成立していな

ければなりません。

女性社員との関係性を深め、そこからさらに一歩進んで信頼関係まで構築するには、彼女たちとの日頃のコミュニケーションが重要になります。信頼関係の構築のために、私が特に有効だと感じているのは、人生の先輩として彼女たちの生き方や仕事の進め方についてアドバイスすることです。それも相手の年齢、立場、容姿、人柄に合わせながら、ほぼ100％本音で語ることが大切です。心にもないことを言うと、それが本音ではないとすぐにバレてしまうし、そうなると信頼が一気に揺らぐからです。

本音のアドバイス例として、3つのサンプルを挙げておきます。

### 20代後半の女性に対して

「今がいちばんきれいな時期だよね。これくらいの年齢のときは、仕事においても、男性より女性のほうが圧倒的に有利だと思う。25歳の男性と25歳の女性では、何かミスをしたときに許してもらえる許容範囲が4～5倍は違うんじゃないかな。だから最近、仕事関係であんまり怒られたこと、ないでしょ？　もし、自分で何か挑戦したい仕事があるなら、今がチャンスだと思うよ。失敗してもあまり怒られないし、成功したら男性の3倍も4倍も褒めてもらえる。この、きれいさと美しさのアドバンテージを活かさない手はない。一つお願いしたいのは、見た目だけではなく、本当のいい女、本当の格好いい女になってほしい。そうなるためには、仕事でもう一皮むけないと。期待しています。それと、普段仕事しているときは厚化粧する必要ないけど、大切なクライアントに初めてあいさつに行くときとか、ぜひともこの商談をまとめたいとか、勝負のときはばっちりメイクして行ったほうがいいね。メイクすれば、もっときれいさが引き立つんだから」

## 子育て中の30代女性に対して

「毎日、お疲れさま。仕事と子育てを両立させるって本当に大変だよね。僕も10歳の子どもがいるけど、子育ては母親のほうが父親の何倍もしんどいから、よく頑張ってると思う。お子さん、いくつになったの？　□□さんが子育てに150％頑張っているのを理解したうえで、あえて言わせてもらうと、実は□□さんがお母さんを頑張り過ぎているのが少し心配なんだ。人生の長さに比べて、子育てしている期間って案外短いから。本当に手が掛かるのは小学校低学年くらいまでだし、大学入学まで面倒を見たとして18年、大学卒業までとして22年プラスアルファ。日本人女性の平均寿命は88歳くらいだから、子育て後の人生も40年近く残っていることになる。そうなったとき、もう一度働く女性として人生を生き直すことが大事。女性として生きる時間のほうが長いことを自覚しておくべき。最近は子育て後に熟年離婚する夫婦が増えているけど、□□さんがもしもそうなったとき、女性としてリスタートできるかどうかは、その後の人生を大きく左右すると思う。だからこれからは、今までどおり母親目線を維持しながら、女性としての視点を取り戻す努力をしてほしい。そんな複眼思考が、仕事にもすごく役に立つと思うよ」

### アラフォー女性に対して

「あなたは顔立ちがきれいだから、もっと若い頃は仕事の現場でもチヤホヤされたでしょ？　それとも、自分では気づかなかったのかな。僕に言わせれば、若い女性は高いゲタを履いている。その若い女性が美しければ、ゲタの高さはもっと高くなるんだ。それだけのゲタを履いていれば、自分の実力以上のことができるし、お偉いさんに対してもある程度対等に接することができる。例えばメーカーさんとの価格交渉のとき、若くてきれいな女性が『あと100円、負かりませんか？』とお願いすると、メーカーの偉い人も『○○ちゃんに言われたら、負けないわけにはいかんな〜』とか言って、本当に100円負けてくれる。こういうことが普通にあったはず。でも残念ながら、女性は年齢を重ねることに、履いているゲタの歯は摩耗していく。30代になれば20代の頃の半分くらいの高さになってしまうし、40代になると、ゲタの歯がすっかりすり減って、ほぼサンダルになってしまっている。今こそ、そのことを自覚すべきだと思うよ。ある意味、○○さんは今まで魔法を使っていたんだ。その魔法がとけかかっているんだから、そろそろ自分の実力を出さなきゃいけない。このままだと嫌味なお局さまになってしまうから、新たな資格にチャレンジするなり、もう一段上を目指そう。僕にできることなら、なんでもお手伝いするよ」

このように、多少耳の痛いことでも、きちんと本音で話すことがポイントです。本音を言えば、この人は信頼するに足る人だと思ってもらえるし、それが自分でも納得できるアドバイスなら、「この人にずっとついていこう」「社長のために頑張ろう」と心を決めてくれます。もちろん、相手との信頼関係なしにこんな言葉を口にしたら、セクハラだと非難されてしまうので要注意です。

生涯現役の男になるために〈コミュニケーション編〉

# 第7章

# 武勇伝を語り合い、切磋琢磨できる仲間を増やせ！

Chapter 7

# 切磋琢磨できる友人とのみつきあう

生涯現役の生き方を貫くうえで、自分自身が意識を高くもち律することが第一義ではありますが、同じ志をもった仲間たちと集い切磋琢磨し合うことも大切です。そこで気を付けなければならないのは、ネガティブ思考や現状維持を良しとする人を前にしても惑わされないことです。

実際に僕の元同級生のなかには60歳を過ぎたばかりだというのにすっかり気持ちが老け込んでしまい、定年退職後の悠々自適なセカンドライフのことばかりを語る人もいます。もちろん他人の人生なので真っ向から否定はしませんが、そんな人たちとお酒を酌み交わしたとしても発展性のあるトークで盛り上がるとは到底思えません。

ハードルが高いのは承知のうえで、むしろそういう人に向けて生涯現役の考え方を啓蒙する必要があるのです。いつまでも若々しく、バリバリと働き稼ぐ集団になれれば、日頃から話す内容も変わってきます。老後の心配についてではなく、今後自分がやりたいことの夢や目標、あるいは達成したことを語らい、明日からのエネルギーに変えるのです。

対面でなくともＳＮＳツールなどを駆使して、自慢話を発信してもいいと思います。それを見てしかめ面を浮かべるような人のことを気にする必要などまったくありません。

自分自身が死ぬまで現役で活躍し続けると誓ったならば、それに賛同する同志を一人でも多く増やしながら、その生き方を実践するのみなのです。

## 顧客の立場から一歩踏み込んだメールで、新たなビジネスを模索する

生涯現役の男を貫くために、私が日頃から心掛けているコミュニケーションは、まず自分からメッセージを発信することです。相手は特定の誰かでもいいし、社内一斉送信のメールでもいい。とにかく、何かのメッセージを発信し、それに対して誰がどんなレスを返し

てくるか、反応を見ます。
「了解です」「承知しました」など、型どおりの短いレスしか返ってこなかったら、自分のメッセージは可もなく不可もない、内容の薄いメッセージだったのだと思うようにしています。また、誰もレスを返してくれなかったら、自分の存在感はその程度のものなのだと諦めます。

結果は期待していたものではありませんでしたが、ともかく、まず自分から動くということが大切です。自分から動かず、ただ待っているだけでは現実は何も変わりません。

ビジネスのためのコミュニケーションということであれば、最初の発信で自分の存在を相手にどれだけ印象づけられるかが勝負の分かれ目です。理想をいえば、メール1本で相手の記憶に残る人物になることです。それが達成できていれば、その相手としばらくの間、例えば1~2年メールのやり取りがなかったとしても、「ご無沙汰しています」の一言でコミュニケーションが復活できます。

問題は、どうすれば自分が相手の記憶に残る人物になれるのか。その一つの方法は、相手にとって何かプラスになる話をしてあげることです。

例えば、「今度私の会社で、A社の『曲げわっぱ』を販売させてもらえないかな?」と考えてみます。そんなとき私は、自腹を切ってA社の曲げわっぱをまず買ってみます。そして曲げわっぱを買ったら、今度はそれに弁当を詰め、実際にどこかの公園まで出掛けていって弁当を食べてみるのです。すると、その曲げわっぱの商品特性がしっかり分かります。

そうした準備をしておいてから、A社のカスタマーサポートに、一人のユーザーとして例えば次のようなメールを写真添付で送ります。

「先日、御社の曲げわっぱを購入した者です。連休は家族とピクニックに行く予定になっていたので、曲げわっぱにさっそくお弁当を詰めて出掛けました。お昼は公園のベンチで食べましたが、ご飯にほんのりスギの香りが移り、とてもおいしかったです。また、おかずにがんもどきの煮物などを入れましたが、煮汁が外に染み出すこともなく、きれいに最後まで食べられました。実は私は、地域の食材をネット販売する会社を運営しているのですが、御社の曲げわっぱはすごく良い商品なので、ウチのお客さんにもお勧めしていいでしょうか?」

こんなメールに返信してこないカスタマーサポートはいません。まず、私はA社商品の顧客でありエンドユーザーですから、私のメール自体が「お客さまからの貴重なご意見」に当たります。しかも、そこには新たな販路拡大につながりそうな、A社にとって損のない話が書かれているので、A社からなんらかのアプローチがあるのは必至です。

すると案の定、翌日にはA社から商品を購入したこと、さらには意見を寄せたことに対するお礼の言葉とともに、もし可能なら私の会社のビジネス概要が分かる資料を送ってほしいというメッセージが返ってきます。そこで私は、会社概要と現在の具体的なサービス内容が分かるPDF資料を速攻で送り、曲げわっぱを単体で売るだけでなく、有名弁当店とのコラボで「謹製曲げわっぱ弁当」として販売する方法もあるとの提案を添えます。

ここまでのような展開になれば、私は間違いなくA社にとって記憶に残る顧客となり、また新たなビジネスパートナーとして認めてくれるようになるはずです。ビジネスで新たなリレーションをつくりたいというときには、自分から先方に向けて一歩踏み込むことが重要になってきます。

曲げわっぱの話は架空の例ですが、こちらからメッセージを送るとき、そこに何かしらリアルなものが存在している必要があります。例えば、実際に曲げわっぱを購入したこと、それに弁当を詰めて公園に行ったこと、それを写真に撮ったこと、この3つのリアルがあれば、私からのメールは確実に特別なものになります。逆にリアルなものが一つもないと、単なるユーザーの声か単なる営業メールとして処理されてしまいます。

現実世界で私がよくやるのは、私からのメールに私のブログへのリンクを貼って送信することです。ブログには、私が長男のために毎朝作っている弁当の写真がほぼ毎日、過去数年分載っているので、それを見た人はほぼ間違いなく驚くみたいで、「本当に毎日お弁当を作っているんですね！」などと必ずレスを返してくれます。

## コミュニケーションにも知識は必要

私がコミュニケーションにおいても重要だと考えているのは、知識と記憶力です。私の会社には毎日、膨大な数のメールが送られてきます。そのすべてにレスすることはできないので、社員と手分けして「重要なメール」と「ゴミ箱に入れるメール」を識別していま

すが、社員がメールを篩《ふるい》に掛けると、本来保存しておくべきメールがゴミ箱に行ってしまうケースが多々あります。

原因は、識別を担当した社員に、正しく識別するだけの知識や記憶が足りなかったことでした。一見、ごく普通でありきたりのメールに見えるものでも、私が丹念に読んでいくと、ある城下町の歴史と深く関わっていたり、他県の名産品とつながっていたりして、実は大きなビジネスチャンスを秘めていることが分かったりします。ところがそうした知識をもっていないとフィルターにひっかからず、重要なメールもスルーされてしまいます。知識を定着させるには記憶力が必要で、記憶力は習慣で鍛えられるので、物事を記憶したり丸暗記したりする習慣のない人は、知識がなかなか蓄積しないことになります。

私が丸暗記する習慣を身につけたのは小学校低学年のときです。入学祝いかなにかで、祖母が小学館の学習図鑑を当時の全巻セットでプレゼントしてくれました。私は全巻読み漁り、片っ端から丸暗記していきました。その当時から記憶する習慣があるので、今でも一度か二度見た資料は記憶してしまいます。

これから生涯現役を目指そうという人で、自分はどうも丸暗記が苦手だという人は、日頃スマートフォンを見ている時間の何割かを使って、朝日・読売・毎日・日経・産経などの総合紙（新聞）を紙で読む習慣を身につけておくべきです。新聞には自分の興味のある記事だけでなく、最初はなんの話だかチンプンカンプンの記事も載っています。そういう未知の情報にも、時々はトライして読んでみるのも大切です。少し長めの文章が読めるようになれば（もともと読めていたはずですが）、記憶力も少しずつついてきます。今からでも全然遅くないので、まずは総合紙を読み、慣れてきたら長編歴史小説にも挑戦するのもいいと思います。

## 生涯現役の思想を体現する施設が２０２４年にオープン

生涯現役の男たちが自由に語り合い、存分にコミュニケーションを取り合う空間として、今私は新たな施設を作ろうと計画しています。それが２０２４年６月にオープン予定の、「生涯現役の館」です。場所は東京都港区東麻布です。鉄骨５階建てで、登記上は私が社

長を務める会社の本社になりますが、実際には「生涯現役」の精神に賛同する個人と企業の会員制施設になります。団体組織名としては「一般社団法人・生涯現役倶楽部」となる予定で、メンズヘルス医学界の第一人者、順天堂大学医学部・大学院医学研究科教授の堀江重郎先生と私の二人が理事を務める形でスタートします。

施設内には渓流が流れ、巨大な肉の塊を直火で調理できるキッチンがあり、マグロ解体ショーなど、食にまつわるさまざまなアミューズメントと、極上の料理とお酒がゲストをもてなします。近い将来、私のメッセージの象徴となるこの「生涯現役の館」が完成すれば、「生涯現役」という思想への認知と理解がさらに進むと確信しています。

第8章

中年たちよ、たち続けろ!

# 生涯現役の男が増えれば、沈みゆく日本はよみがえる

Chapter 8

# 時すでに遅しの「異次元の少子化対策」

2023年1月、岸田文雄首相は年頭記者会見で重点的に取り組む課題の一つに少子化対策を挙げ、「異次元の少子化対策」に取り組むと強調しました。女性一人が生涯に産む子どもの数を示す、日本の合計特殊出生率は直近の6年連続で低下が続いており、2021年は1・30となり、依然低迷しています。岸田首相は児童手当などの経済的支援や産後ケアや一時預かりなど、すべての子育て家庭を対象にしたサービスの拡充などを進めて「子どもファーストの経済・社会をつくり上げ出生率を反転させせなければならない」と語り、子ども政策担当大臣に子ども政策強化の具体策のとりまとめを指示しました。

自治体でも、少子化対策強化の動きが出ています。小池百合子東京都知事は同じく2023年の年頭記者会見で、0～18歳の子ども一人当たり月5000円程度を念頭に「育ちを切れ目なくサポートする給付を行うなど大胆な取り組みを考える」と表明しています。

東京都が全国に比べて子ども一人当たりの教育費が５０００円程度高いことを考慮した給付策のようです。さらにほかの自治体でも、例えば京都府は２０１９年から子育て環境日本一を目指す方針を明らかにして順次支援策を発表したり、京都市も子育て策の拡充方針を打ち出したりしています。

しかし、これらの施策は、私から見ればもはや時すでに遅しといってもいい、小手先の中身でしかなく、現状での実効性はほとんど期待できそうにないように感じます。

もちろん子ども予算倍増や、少子化対策強化の政策を全面否定するつもりはありません。しかし、そもそも根源的な問題は多くの国民が日本の将来に希望をもてなくなっていることにあると考えるからです。

「人生１００年時代」といわれるほど寿命が延びた一方で、老後の生活への不安は世のすみずみに広がっています。その一方で現在行政が躍起になって進めている少子化対策は、どれも子育て期間中の課題の解消ばかりに目を向けており本質的ではありません。子育て後も含めた社会全体に目を配って展望をしっかりと描くことができなければ、とても将来について安心はできず子どもを産む人は増えてこないのです。

子育て予算の倍増などを進めること自体に意味がないとは思いませんが、こうした政策はある年に突然実行しただけでは効果はほとんど期待できず、単発の打ち上げ花火に等しくなっているといっても過言ではありません。

こうした問題の解決には各方面の分野と連携した総合的でかつ長期的視野に立った具体的ビジョンを描きながら施策を何年も掛けて継続的に打っていかなければ、所詮は小手先だけで終わってしまいます。残念ながら日本では当面、少子高齢化の進行が止まらないことは間違いなく、日本経済は今後も成長が阻害された状態が続いていきます。こうしたなかで、人口が減っても経済成長ができるよう社会や企業の仕組みも抜本的かつ大胆に改革を進めていくことが今こそ、なによりも必要なのです。

## 難題の打開には、生産年齢人口の増加が至上命令

難問を打開するために大きなカギとなると私が信じていることが、今すぐにでも生産年

齢人口の増加を図ることです。生産年齢人口が増えれば、消費活動を続ける人も増えることを意味し、消費活動増大に伴う活力を広げていくことが経済全体を活性化するだけでなく国や自治体全体の税収の拡大にもつなげていくことができます。

生産年齢人口を増加に転じさせるためには、今後各企業の定年年齢を現状よりも引き上げ、将来的にはなくす方向に社会全体が進んでいくような施策の整備を進めることが喫緊の課題であると私は考えます。定年年齢の引き上げは単に企業が自助努力で進めていくことは難しい現状のため、例えば役職定年制度の撤廃や定年年齢引き上げに積極的な企業を支援する法律や、奨励する補助金制度など環境を整備する政策を国や地方自治体が連携して実行していく必要があると思います。

生産年齢人口の拡大を巡っては、定年延長だけでなく、高齢者の継続雇用延長や新たな働き口のマッチング支援などの対応策も検討されつつあります。しかし、まだまだ世間一般に理解が進んでいるとは言い難いのが現状であり、経済界を含めた企業側だけでなく、国や自治体など行政の動きは鈍い状態にとどまっていると感じます。

しかし、国会議員や地方自治体の知事や市長などの首長、議員を務める人たちの現状を改めて眺めてみれば、一般企業でなら定年の年齢をとうに過ぎた60代以上の高齢男性が数多く幅を利かせています。例えば国政与党では80代の政治家たちが何人も顔を並べ、なかには有力派閥の実力者として君臨している人も少なくありません。

これまで日本の政界といえば、例えば内閣改造の報道のたびに○○内閣は女性が数えるほどしかおらず、おじいちゃんばかり、などと皮肉られ、とかく高齢男性優位であることが批判の対象になってきました。そうした高齢男性議員が議場でつい居眠りした姿をマスコミにとらえられ映像で流されたりして高齢男性へのマイナスイメージばかりが強い印象でした。

しかし見方を変えてみれば、彼らは生涯現役をまさに体現している存在なのです。そうした彼ら高齢男性議員こそが、実は私がこれまで強調してきたような生涯現役を実践してわれわれの先陣を切っている、今の時代の旗手といってもいいような存在なのです。

ですから彼らが有権者の代表であるという自覚と責任を改めて思い出し、日本の少子高齢化を招いてきた歴史をしっかりと反省しながら検証し、このままでは日本の存亡を揺るがす大問題であるという、まさに憂国の志を抱くことがまずもって必要です。ロシアのウクライナ侵攻や、台湾を巡る中国の台頭などを踏まえた防衛予算はもちろん必要ですが、少子高齢化の打開策こそが内政の最重要課題であり一丁目一番地です。

この最重要課題をしっかり認識して危機感を抱いている議員であるのなら、議事の途中で居眠りするなどという、おおよそ緊張感を欠いた失態を見せることもなくなっていくはずです。高齢男性議員が、生涯現役の時代を背負うトップランナーとして文字どおり国民の代表としての範を示してくれることを私は期待したいのです。彼らを中心に、国を支え、担う人を育て増やしていくことに知恵を絞っていくことがなによりも重要です。

それぞれの高齢男性議員が自身の経験も踏まえながら真剣に生涯現役の重要性についてただちにしっかりと勉強して、理解を深めて総合的な政策についてビジョンを練っていくことを切に願っています。打開策についての議論を各省庁の有能な官僚たちや学識経験者の意見も参考によく検討していくことができるならば、継続的に新たな政策を打ち出していくこともできるようになるのではないかと私は考えるのです。

これからは、そうした生涯現役を地で行っている高齢男性政治家たちをどんどん巻き込んで、定年制の抜本的な撤廃など生産年齢人口増加に向けた政策立案の具体策作りの機運を盛り上げていくことが最重要事項なのです。

生産年齢人口の増加については、もちろん同時に女性のための施策も欠かせません。結婚をして出産したあとでも仕事を続けたいと考えている女性や、かつて働いていた経験のある女性の再雇用の機会を提供する労働環境の整備や、リカレント教育による学び直し支援策も重要になってきます。

また、これまで働く道のなかった障害をもつ人たちに対しても、就労支援策などもさらに充実させていく必要があります。並行して、新型コロナ感染拡大をきっかけに社会に広がったテレワーク導入のさらなる推進にも引き続き取り組んでいくべきです。こうしたさまざまな施策を幾重にもつなげていくことで、生産年齢人口の増大へと反転していく希望は広がってくると私は思います。

## 式年遷宮のように「常若」に生きる

私は、会社社長のほかに神主という顔ももっています。私の妻の実家は、渋谷にある北谷稲荷神社で代々宮司を務めており、私も妻と結婚するときに神職の資格を取りました。

私たちの神社では、妻が神社を代表する宮司を務め、私はその補佐役の権禰宜《ごんねぎ》であり、神社では妻のほうがエラいのです。ちなみに神社には「生涯現役守」をおいています。死の直前まで「心・技・体」が健やかに暮らせるように御祈念されており、おそらく世界で唯一のお守りだと思います。

そんな私たちの神社を含め、全国には8万社を超える神社がありますが、その頂点に立つのが三重県伊勢市にある伊勢神宮です。伊勢神宮は神社本庁の本宗であり、日本の総氏神ともいわれています。

伊勢神宮ではなんといっても「式年遷宮」が有名です。20年に一度、まったく新しい神殿を建設し、ご神体をそれまでの神殿から新しい神殿へと引っ越しする行事です。最初に行われた遷宮は西暦690年といわれ、そこから1300年以上、応仁の乱の一時期を除き、20年ごとの引っ越しを延々と繰り返してきました。直近では2013年に遷宮が行われ、総費用は約550億円掛かったとされています。神殿を建て直すだけでなく、神殿に納められている宝物類もすべて新しく作り直します。神殿の造営に使われる木材は、檜2000本、萱（屋根を葺くヨシなど）2万3000束に上ります。神殿に収める絹織物などの御装束は525種1085点、金、銅などを施した装飾品、刀剣、調度類は19種

199点です。なにしろ膨大な数で、すべてを作り直すために、さまざまな分野の伝統工芸職人が大量に動員されています。

なぜそんな面倒くさいことを20年ごとに繰り返すのかというと、神殿の造営技術や、各種宝物類の製造加工技術を後世に伝えるためというのが大きな目的です。20年という時間であれば、前回の遷宮に携わったベテラン職人の多くはまだ健在のはずですから、若手職人はベテラン職人から技法を学び、次の遷宮では今回若手だった職人が次世代の職人にワザを伝承するわけです。

このように、長い長い年月にわたって伝統を守り続けるために、あえて古いものを壊して新しく作り直すという考え方を「常若《とこわか》」といいます。永遠の命を保ち続けるには、常に若々しくいなければならない、という考え方でもあります。

この「常若」という発想は、私がこの本で提唱している「生涯現役」と通じるものがあると考えています。たとえ中高年になっても、生涯現役を貫くために、身も心も内臓も若々しくあり続けることが重要です。身も心も内臓も若ければ、時代がどのように変化しようが、若いパワーでどうにでも対応できるはずです。

恋愛は特に心を若々しく保つために必要な要素です。必ずしも実際に恋愛しなくても、恋愛に近い感覚で女性と接することができれば、式年遷宮のように20年に一度ずつ配偶者を変えるという生き方を実践することもできます。生涯現役として70歳、80歳、90歳まで稼ぎ続けることができれば、2人目の奥さんとの間に子どもをもうけることも可能です。

少々極端な言い方をすれば、生涯現役なら2回目、3回目の結婚があって当たり前になってもなんら不思議ではありません。私自身も実はバツイチですが、生涯現役なら、バツニ、バツサンも決して珍しくない話になると思います。たとえ1回目の結婚がつらい想い出になっても、男は忘れる動物です。特にテストステロン(男性ホルモン)の分泌量が多い男性はつらくて嫌な記憶にフタをすることができるのです。生涯現役の男にとって、「バツ」の数が増えるのは別に不名誉なことでもなんでもなく、単に意思決定の数に過ぎません。

バツが付くのを奨励するのが本意ではありませんが、それぐらい若々しい精神をもって、日々を生きることはとても大切なことです。常若の精神でいつまでもバリバリ働き続ける生涯現役の男たちが一人でも多く増えれば、沈みゆく日本を救う原動力になると考えています。

## 生涯現役のムーブメントこそが日本再生の起爆剤

ここまで生涯現役の理念やその重要性を伝え、その生き方を実践するためのヒントをまとめてきました。生涯現役を宣言して、実行に移す人をこれからますます増やし、そうした人たちの結集が社会で大きな輪となり、波となっていくことができれば、生産年齢人口の反転拡大の実現は、決して難しくないと私は考えます。

生涯現役であり続けることは、社会で生産活動の中心にいるということですし、そうした人は消費活動の担い手でもあり続けていてくれるわけです。その人たちが社会のなかで、引き続き経済活動を続けていくことは重要な意味があります。

男性も女性も含めて、生涯現役の人たちをこれから増やしていき、「オレも」「私も」というプラスの連鎖を新たに生み出し続けて社会に大きく広げていくことができれば、生涯現役を目指す人たちが生産年齢人口の増大に向けた起爆剤となると私は確信しています。

そうするうちに、例えば生涯現役を続けたい人たちが、それぞれにとってのさまざまな課題を互いに話し合ったりする勉強会をつくったりして、「私は一人じゃない」と認識して交流をしたり、連携したりするネットワークも自然にできてくるのではと私は期待します。

まずは一人でも多く生涯現役を目指す人を増やすことが、低迷する日本をまさに救っていくことができる。私はそう信じているのです。

# おわりに

2022年は私にとって北京オリンピックの年でもサッカー・ワールドカップの年でもなく、『トップガン マーヴェリック』の年でした。

第1作『トップガン』の公開から36年が経ちましたが、トム・クルーズ演じる米海軍エースパイロットは今なお現役で、愛機をF－14からF／A－18に乗り換え、ふたたび男気溢れる熱いドラマと度肝を抜く空中戦を見せてくれました。

見終わったときの爽快感が大きく、結局映画館に2度足を運び2度ともしっかり感動しました。この想いを誰かと共有したくて、順天堂大学の堀江先生に連絡したところ、「いいよね、アレ。僕は3回見たよ」と返信がありました。そこで「ひょっとして……」と思い、日頃から付き合いの深い友人グループに質問メールを流したところ、なんとほぼ全員が『トップガン マーヴェリック』を劇場で2回以上鑑賞したのです。

友人グループは、医師、弁護士、オーナー経営者など職業はさまざまですが、いずれも私と同年代（60代）で、今もバリバリ現役で活動している人たちばかり。私の見立てによれば、テストステロンの分泌が多そうな人ほど、この映画にハマりやすいようです。私たちはなぜ、この映画に心惹かれたのか。それは、この映画の主人公が、私たち一人ひとりの分身だったからです。

物語の序盤、上官の海軍少将が主人公の軍歴をチェックしながら、こう質問します。

「マーヴェリック、叙勲多々、表彰も多々。40年間で敵機3機を撃墜したのは君だけだ。なのに昇進も引退も拒み、どんな危険を冒しても死なない。本当なら、星2つの少将になっていてしかるべきだ。なのに今も大佐だ。なぜだ?」

すると主人公は、一度は質問をはぐらかしてから、こう答えます。

「(現場は)僕のいるべき場所です」

トム・クルーズは私と同じ1962年生まれの60歳です。日本なら定年退職する年齢ですが、彼は役柄上はもちろん、一人の役者としても〝生涯現役〟にこだわり、20代の若手相手に一歩も引かないアクションを見せてくれます。それどころか、その圧倒的な存在感と圧巻のパフォーマンスで、誰が本当の〝男〟なのかを強烈に見せつけるのでした。その勇姿に、私たちメンバーの一人ひとりが自分の姿を重ね合わせて見ていたのだと思います。

自分は今、自分のいるべき場所で、今日も仕事を続けているのだと。

新型コロナはいまだ終息せず、ロシアのウクライナ侵攻も終わりが見えず、世界中でエネルギー危機と急激な物価高が進行し、多くの人が漠然とした不安を抱えています。これから先、日本と世界はいったいどうなっていくのかという質問に答えられる人は、この地球に暮らす約80億人のうち誰一人としていません。

しかし、私には今、これだけはいえます。先が見えない時代だからこそ、生涯現役という生き方がふさわしいのです。なぜなら、生涯現役の男は、自分のなかにエンジンをもつ〝自走する〟人です。たとえ時代が大きく様変わりし、国や組織がアテにならなくなったとしても、自分でリスクを取り、自分で決断して、自分で稼ぎ続ける——。この生き方を選択する人が増えていけば、私たちの社会も、もう一度力強く前進していけるはずです。生涯現役の思想が一人でも多くの人に共感してもらえるよう、願ってやみません。

最後までお付き合いいただき、ありがとうございました。

2023年3月吉日　萩原章史

【著者プロフィール】

## 萩原章史（はぎわら あきふみ）

1962年、静岡県に生まれる。1980年、早稲田大学政治経済学部に入学、卒業後の1984年に大手ゼネコンである株式会社間組に入社。2年目の海外事業部への異動をきっかけに、中国やアメリカに赴任し海外の文化や出来事を経験することで新たな価値観が芽生える。

2000年には間組を退社し、2001年に株式会社食文化を設立。一般流通にのらない地方の地場食材をネット販売するECサイト『うまいもんドットコム』の運営を開始し、その後グルメ雑誌や自治体と連携し食を取り扱う数々のECサイトの運営に取り組んでいる。ECサイトのほかにもさまざまな企業や自治体と提携し食に関する販売促進事業にも携わるなど活躍の場を広げている。

本書についての
ご意見・ご感想はコチラ

# 生涯現役宣言
## 枯れない男になるための生き方

2023年3月15日　第1刷発行

著　者　　萩原章史
発行人　　久保田貴幸

発行元　　株式会社 幻冬舎メディアコンサルティング
〒151-0051　東京都渋谷区千駄ヶ谷4-9-7
電話　03-5411-6440（編集）

発売元　　株式会社 幻冬舎
〒151-0051　東京都渋谷区千駄ヶ谷4-9-7
電話　03-5411-6222（営業）

印刷・製本　中央精版印刷株式会社
装　丁　　鳥屋菜々子
装　画　　先斗ポン太

検印廃止

Printed in Japan
ISBN 978-4-344-94177-9 C0030
幻冬舎メディアコンサルティングＨＰ
https://www.gentosha-mc.com/